经济新常态下大学毕业生就业质量研究

郭爱华 著

燕山大学出版社
·秦皇岛·

图书在版编目（CIP）数据

经济新常态下大学毕业生就业质量研究／郭爱华著.—秦皇岛：燕山大学出版社，2023.2
ISBN 978-7-5761-0496-7

Ⅰ.①经… Ⅱ.①郭… Ⅲ.①大学生－就业－质量－研究－中国 Ⅳ.①G647.38

中国国家版本馆 CIP 数据核字（2023）第 035150 号

经济新常态下大学毕业生就业质量研究
JINGJI XINCHANGTAI XIA DAXUE BIYESHENG JIUYE ZHILIANG YANJIU
郭爱华 著

出 版 人：陈　玉	策划编辑：刘韦希
责任编辑：王　宁	封面设计：刘韦希
责任印制：吴　波	
出版发行：燕山大学出版社	电　　话：0335-8387555
地　　址：河北省秦皇岛市河北大街西段 438 号	邮政编码：066004
印　　刷：秦皇岛墨缘彩印有限公司	经　　销：全国新华书店
开　　本：710 mm×1000 mm　　1/16	印　　张：11.5
版　　次：2023 年 2 月第 1 版	印　　次：2023 年 2 月第 1 次印刷
书　　号：ISBN 978-7-5761-0496-7	字　　数：180 千字
定　　价：46.00 元	

版权所有　侵权必究

如发生印刷、装订质量问题，读者可与出版社联系调换

联系电话：0335-8387718

前　　言

就业质量概念有狭义和广义之分，狭义的就业质量，是指劳动者个体的就业质量，是劳动者与生产资料结合并获得报酬或收入情况的优劣程度的体现。主要包括劳动者的工作收入、工作环境、个人发展前景和对工作的满意程度等，是就业给劳动者带来的效用和价值。广义的就业质量包含三个方面的内容：一是就业人员的质量情况，包括劳动者的技能、资历、素质等；二是就业岗位的质量状况，包括岗位类型、劳动条件、工资水平等；三是劳动力市场就业质量，指劳动者的就业为整个社会带来的效用和价值的总和，包括个人、企业和社会三个层次。总之，就业质量是一个多维度的概念。

我国高等教育进入大众化时代，大学毕业生的就业问题已成为全社会关注的焦点，同时就业问题也一直是政府、社会组织及国内外学者广泛关注的一个世界性课题，是关系国计民生的大问题，直接影响国家的稳定和经济发展。大学毕业生是就业的最庞大群体，也是就业群体中的知识型人群。因此，提高大学毕业生就业质量不仅对大学毕业生本人和高校发展至关重要，也逐渐成为政府就业工作的重心，成为全社会的共同目标。

目前，对于大学毕业生就业质量的评价尚未形成一套统一的、普遍认可的体系，对于影响大学毕业生就业质量的因素众说纷纭。在我国经济增速放缓、产业结构升级的形势下，出现了大学生"就业难"和企业"招工难"并存的问题，想要破解现在面临的就业难题，未来的就业工作必须从传统的增加就业数量向提升大学生就业质量的方向发展。本书的研究是立足经济新常态背景下，以一般普通院校的大学毕业生为研究对象，对其就业质量进行深入研究。本书分为七章。第一章，绪论。第二章，就业质量的国内外研究现状。第三章，经济新常态下大学毕业生就业情况分析。第四章，经济新常态对大学毕业生就业质量的影响。第五章，经济新常态下大学毕业生就业质量评价指标体系构建。第六章，大学毕业生就业质量的实证研究。第七章，经济新常态下大学毕业生的就业质量提升策略。

本书从当前经济新常态背景下大学毕业生的就业现状出发，在研究大量大学毕业生就业质量文献的基础上，结合文献研究法、德尔菲法与层次分析法，构建了大学毕业生就业质量评价体系。大学生就业质量的评价一直以来都是一个复杂的问题，人们无法单纯地采用客观评价的方法进行测量，必须将主、客观评价指标结合起来，还要考虑全面性和系统性。选取的指标不仅要全面，指标内部也要有一定的逻辑性。另外，研究群体为大学毕业生，研究内容要有针对性。在内容研究中，从经济新常态下大学毕业生就业现状开始，分析经济新常态给大学毕业生就业质量带来的影响。在建立评价体系以后，进一步进行实证研究，证明其可行性和实操性，并从实证数据中分析当前大学毕业生就业质量状况，结合当前经济发展现状提出大学毕业生就业质量提升策略。

大学毕业生就业质量提升是一个长期而复杂的工作，受到了全社会的关注，国内的研究工作也还处于起步阶段。本书的研究只是抛砖引玉。鉴于笔者水平有限，书中难免存在不妥和不足之处，有待于进一步完善，热诚期待专家和学者们交流指导、批评指正。

目 录

第一章 绪论 ··· 1
第一节 研究背景及研究意义 ··· 1
一、研究背景 ·· 1
二、研究意义 ·· 4
第二节 研究框架 ··· 6
一、理论依据 ·· 6
二、研究内容 ··· 12
三、研究方法 ··· 12
第三节 研究的主要创新点 ·· 14

第二章 就业质量的国内外研究现状 ···································· 15
第一节 国内研究现状 ·· 15
一、就业质量内涵及研究范围界定 ································· 15
二、就业质量评价 ·· 18
三、就业质量影响因素 ··· 20
第二节 国外研究现状 ·· 23
一、就业质量概念 ·· 23
二、就业质量评价指标的选取 ·· 24
三、大学毕业生就业质量影响因素 ································· 25
第三节 国内外研究评述 ··· 26

第三章　经济新常态下大学毕业生就业情况分析 ········· 29
第一节　经济新常态概述 ········· 29
一、经济新常态的提出背景 ········· 30
二、经济新常态的内涵 ········· 31
三、经济新常态的特征 ········· 33
第二节　大学毕业生就业形势 ········· 35
一、大学毕业生就业政策的发展 ········· 35
二、经济新常态下大学毕业生就业的趋势分析 ········· 41
三、经济新常态下大学毕业生就业质量新特点 ········· 45
第三节　经济新常态下大学毕业生就业现状 ········· 50
一、大学毕业生就业总量不断升高，就业率持续走低 ········· 50
二、就业市场供需矛盾进一步加剧，毕业生"求职难"与企业"招工难"并存 ········· 53
三、大学毕业生盲目追求考研逃避就业，"慢就业"现象日益凸显 ········· 54
第四节　经济新常态下大学毕业生就业问题归因 ········· 56
一、我国产业结构矛盾突出，区域经济发展不均衡 ········· 57
二、毕业生人数总量居高不下，高校人才培养无法满足市场需求 ········· 59
三、用人单位人为增设招聘障碍，缺乏完善的人才培养和管理体系 ········· 62
四、大学毕业生就业观念和综合能力无法适应新的就业形态 ········· 64

第四章　经济新常态对大学毕业生就业质量的影响 ········· 67
第一节　经济发展降速对大学毕业生就业质量的影响 ········· 68
一、经济发展放缓，大学毕业生就业岗位总量减少 ········· 68
二、就业岗位的市场需求变化影响大学毕业生获取就业机会 ········· 70
第二节　产业结构调整对大学毕业生就业质量的影响 ········· 71
一、新就业形态为女性提供更多就业机会，促进就业公平 ········· 72
二、多元化就业形式下，灵活就业社会保障制度不完善，就业质量需得到关注 ········· 74

第三节　创新驱动对大学毕业生就业质量的影响 …………… 77
　　一、创新驱动为大学毕业生就业、创业提供广阔舞台 …… 77
　　二、依托互联网经济发展的朝阳产业薪资优势明显 ……… 78

第五章　经济新常态下大学毕业生就业质量评价指标体系构建… 81
第一节　评价指标体系构建的思路与原则 …………………… 82
　　一、构建思路 ……………………………………………… 82
　　二、构建原则 ……………………………………………… 85
第二节　评价指标体系内容的构建 …………………………… 87
　　一、评价指标的内容 ……………………………………… 87
　　二、各项指标的权重 ……………………………………… 93
　　三、确定就业质量评分表 ………………………………… 99
第三节　调查问卷 ……………………………………………… 101
　　一、问卷设计 ……………………………………………… 101
　　二、信度和效度检验 ……………………………………… 102

第六章　大学毕业生就业质量的实证研究 …………………… 105
第一节　调查样本情况 ………………………………………… 105
　　一、调查对象 ……………………………………………… 105
　　二、样本收集情况 ………………………………………… 105
第二节　就业质量各项评价指标实证结果分析 ……………… 108
　　一、工作环境指标分析 …………………………………… 108
　　二、职业发展指标分析 …………………………………… 111
　　三、薪酬福利指标分析 …………………………………… 115
　　四、平等就业指标分析 …………………………………… 117
　　五、就业稳定性指标分析 ………………………………… 120
　　六、就业满意度指标分析 ………………………………… 121
　　七、就业质量总体情况 …………………………………… 122

  第三节 就业质量影响因素实证结果分析 ·············· 123
    一、就业质量影响因素实证数据 ················· 123
    二、就业质量影响因素访谈案例 ················· 124
    三、就业质量影响因素归因分析 ················· 129

第七章 经济新常态下大学毕业生的就业质量提升策略 ·········· 140
  第一节 政府加强宏观调控和政策引领 ················ 140
    一、健全法律保障制度，营造更加规范和公平的就业环境 ····· 141
    二、大力发展经济，促进产业结构调整 ·············· 144
    三、建立健全大学毕业生灵活就业保障机制 ············ 145
  第二节 在高校创新人才培养模式的基础上加强就业指导 ······ 148
    一、专业人才培养与产业结构发展相适应 ············· 148
    二、以市场需求为导向，注重实践创新环节 ············ 149
    三、完善职业规划和就业指导服务体系 ·············· 151
  第三节 用人单位树立科学的用人观 ················· 153
    一、科学用人观消除就业歧视，构建公平的就业环境 ······· 153
    二、科学用人观促企业文化建设 ················· 155
    三、完善公平培训与晋升机制 ·················· 156
  第四节 毕业生合理进行职业规划，增强就业竞争力 ········ 158
    一、调整就业心态，树立正确的就业观 ·············· 158
    二、制定科学的职业生涯规划，努力实践 ············· 160
    三、提高综合素质，增强就业竞争力 ··············· 162

参考文献 ······························· 164

附录 ································ 170
  附录1 大学毕业生就业质量评价指标专家意见咨询表 ······· 170
  附录2 大学毕业生就业质量调查问卷 ·············· 172

第一章 绪　　论

第一节 研究背景及研究意义

一、研究背景

就业问题一直是政府、社会组织以及国内外学者广泛关注的一个世界性课题，同时也是关系国计民生的大问题，直接影响国家稳定和经济发展。2004年4月，劳动和社会保障部联合国际劳工组织共同举办了"中国就业论坛"，提出不断扩大就业规模、提高就业质量将是中国政府的一项长期而紧迫的任务。从此，提高就业质量作为政府工作目标被提出。党的十八大报告明确提出，要推动实现更高质量的就业。2013年教育部发布了《教育部办公厅关于编制发布大学毕业生就业质量年度报告的通知》，要求各高校编制并发布毕业生就业质量年度报告，引起了各高校对毕业生就业质量问题的重视。党的十八大以后，党中央、国务院高度重视大学毕业生就业创业工作。2014年5月，习近平总书记提出了"新常态"重大战略判断。经济新常态不仅描述了社会经济状况，还影响包括高等教育在内的各方面的全方位转型升级。习近平总书记多次作出重要指示，强调要切实做好以高校毕业生为重点的青年就业工作，强化就业创业服务体系建设，支持帮助学生们迈好走向社会的第一步。2017年10月18日，习近平总书记在党的十九大报告中指出，就业是最大的民生，提高就业质量和人民收入水平，要坚持就业优先战略和积极的就业政策，实现更高质量和更充分就业[1]。

大学毕业生是非常庞大的就业群体，也是就业群体中的知识型人群，每年就业的大学毕业生人数占就业总人数的1/3左右，人数众多且就业时间比较集中。因此，提高大学毕业生就业质量不仅对大学毕业生本人和高校发展至关重要，也逐渐成为政府就业工作的重心，成为全社会的共同目标，同时为研究者和就业工作者指引了方向。然而，在经济新常态下如何评价就业质量的优劣，受到评价主体的不同和评价客体的差异等综合因素的影响。我国目前的大学毕业生就业质量评价存在诸多争议，对影响就业质量的因素也众说纷纭，这就需要建立一套既能反映大学毕业生就业质量状况，又切实可行的质量评价指标体系，为各高校和社会科学合理评价大学毕业生就业质量提供参考，为提高大学毕业生就业质量提供依据。

（一）教育发展背景

大学毕业生作为就业大军中的知识型群体，也是就业群体的重要组成部分，是国家的储备人才，解决好大学毕业生就业问题举足轻重。一直以来，衡量就业优劣的标准就是就业率。2020年全国大学毕业生人数为874万，2021年毕业生人数达到909万，2022年大学毕业生人数首次突破千万，达到了1076万，预计2023年我国高校毕业生人数将达1174万。面对数量如此庞大的大学毕业生就业群体，人们对就业研究的关注点往往局限在就业率、失业率等指标上，将如何开设就业岗位、实现充分就业作为大学毕业生就业问题研究的中心，忽视了提高就业质量对促进大学毕业生就业的积极作用。

近年来，随着高校招生数量不断增加，每年大学毕业生人数逐年增多，高等教育从精英化教育发展为大众化教育，就业的现实状况与大学生就业的理想状态之间存在一定差距，因此部分大学毕业生不再将就业作为必选项。尽管大学毕业生就业岗位供给量不断增加，但还是不可避免地存在就业难的问题。在大学教育过程中，由于高校教学内容陈旧、学生就业能力欠缺等，大学毕业生无法达到用人单位的用人要求，影响了大学毕业生的充分就业，出现了"慢就业"、不就业、"闪辞"等就业问题。在选择工作岗位时，大学毕业生更关注工作时间、薪资水平、工作环境等。要想解决大学毕业生就业问题，不能只关注就业数量，应该将重心从注重数量向数量和质量并重的方向转变。

（二）经济发展背景

传统经济理论中，对就业问题的关注仅限于就业数量，并不关心就业质量。从2012年开始，我国的经济增长速度开始放缓，到现阶段经济的发展速度还未出现高速回增，这种经济形态被称为"经济新常态"。经济新常态下，我国经济发展模式正在转型，经济增长速度由高速向中高速转换，经济增长进入换挡期，我们更多地关注增长质量而非增长速度。2017年中央经济工作会议明确指出："中国特色社会主义进入了新时代，我国经济发展也进入了新时代，基本特征就是我国经济已由高速增长阶段转向高质量发展阶段。"我国当前和今后一个时期的就业形势是就业总量呈现出较高的压力，就业市场的岗位空缺与大学毕业生求职难的结构性矛盾形势严峻。在这种就业市场的大环境下，以低就业质量为特征的低成本运作的经济发展模式难以为继。促进就业的当务之急便是提高大学毕业生就业质量，以促进就业数量的增加，改善就业结构性矛盾。

随着大学毕业生人数的逐年增加，"招工难"与"就业难"的就业结构性矛盾日益凸显，全社会就业总量矛盾和就业结构矛盾并存，要求我们从传统的增加大学毕业生就业数量向缓解就业结构矛盾、提高就业质量方向转变。

（三）时代发展背景

时代在进步，经济在发展，人们的思想观念也随之改变。现在的大学毕业生独生子女占大多数，经济压力较小，所以现在的年轻一代更关注个性解放，也更倾向于选择与自身兴趣爱好以及专业相符的就业方向，他们对就业薪酬也有着自己的理解。但对具体的大学毕业生而言，他们往往感到迷茫，并不清楚达到他们希望的高质量就业所需要具备的能力和综合素质有哪些，对就业市场缺乏认识。因此，对大学毕业生就业质量的深入研究可以帮助他们提前了解就业市场，根据就业市场需求作好职业规划。

当今世界，科技进步日新月异，互联网、大数据、人工智能等新兴产业深刻改变着人们的生产生活方式。以互联网为依托的大数据技术、人工智能等新一轮的科技革命深刻地影响着我国劳动力就业市场，改变着就业结构的形态。在数字经济环境下，就业形式更加灵活多样，新兴岗位不断出现，许多岗位呈现出短期且流动性强的特征，在为个体的就业带来多元化选择的同时，增加了就业保障。行业不断兴起，就业机制不够完善，在提升就业质量方面进展缓慢。低质量就业在就业市场中普遍存在，加大了提升就业质量的难度。在就业形势保持总体稳定的同时，还要关注就业质量，需要在稳就业和提升就业质量之间找到平衡点，为提高大学毕业生的就业质量带来新的可能。

二、研究意义

大学毕业生作为我国高等教育的产出主体，是劳动力市场中重要的就业组成部分，他们的就业质量不仅反映出我国高等教育与社会需求的适应状况，而且还直接关系大学毕业生的生存与发展，对我国社会经济的发展和社会的稳定都有着重要的影响。本书分析了经济新常态背景下大学毕业生就业的具体情况，总结经济新常态下大学毕业生的就业质量特点，对这些新变化的成因进行了系统分析，明确经济新常态对大学毕业生群体就业的影响，在经济新常态背景下正确评价他们的就业质量，对提高大学毕业生的就业质量、高校的发展乃至整个社会的和谐稳定都具有一定的理论价值和现实意义。

第一，大学毕业生就业质量研究有助于完善高校的自身建设，对我国高等教育健康发展方面起到积极的作用。高等教育日趋大众化以来，就业问题逐步显现，最难就业季、更难就业季等描述频繁出现在大众视野。高校不仅承载着教书育人的职责，同时还需要考虑毕业生的就业问题。毕业生的就业质量是学校办学水平和人才培养质量的直接体现，就业质量的高低直接影响到学校的生源质量和社会声誉。对于高校而言，其毕业生就业质量的综合评价与信息公布，有利于促进高校根据经济和社会发展的需求，不断调整专业学科发展方向和教学课程结构设置。同时，专业教学改革推动就业质量的提高，高校培养出来的专业人才能够适应我国就业市场行业和岗位的发展需要。因此，研究大学毕业生就业质量有助于促进高等院校的自身建设和可持续发展。

第二，大学毕业生就业质量研究有助于学生制定职业发展规划。学生的职业发展是通过就业来实现的。高等院校毕业生接受高等教育，有着不同于普通劳动者的培养模式，其培养模式主要以培养理论与技术相结合的综合型、应用型人才为目标，在注重理论基础培养的同时，强调能力培养与综合素质。所以大学毕业生就业问题有提前规划的必要性。只有对经济新常态背景下大学毕业生的就业质量进行全面深入的研究，建立评价标准，发现制约就业质量的影响因素，才能找到提高就业质量的方法和措施，为高等院校毕业生制定职业生涯规划提供有价值的借鉴。对大学毕业生就业质量进行研究可以有效地帮助毕业生实现从高等院校学生向用人单位劳动者身份的顺利过渡，在就业过程中进行有效衔接。高校可以提前进行就业指导，提高大学毕业生就业质量及对高校就业服务工作的满意度，促使在校大学生努力学习，积极转变就业观念，提高自身综合素质和就业服务能力，主动适应行业和岗位要求，提前作好职业发展规划。

第三，大学毕业生就业质量研究有利于整个经济社会的和谐稳定发展。教育部最新数据显示，截至2022年5月，我国本科院校数量达到1270所。从2022年的数据来看，高校毕业生总数达到了1076万，其中包括400万～500万本科生。院校每年向社会输送大量的毕业生，大学毕业生就业早已经由原来的"统包统分"的单轨制阶段，发展为双向选择的双轨制阶段。普通本科院校面临的就业形势非常严峻，出现了毕业生就业积极性不高、非理性的"考研热"和"慢就业"现象。提高大学毕业生就业质量，解决这部分学生的就业问题，可以减轻社会就业总量的压力。对政府而言，就业质量的分析统计和信息公布工作有利于政府全面、准确地掌握和判断我国就业发展形势，依据就业质量情况提出可行的促进就业质量保障工作的政策指导措施以及就业政策支持措施。研究毕业生就业质量状况对维护社会的安全稳定、促进和谐发展有十分重要的现实意义。

第二节 研究框架

一、理论依据

(一) 新古典综合学派就业理论

资本主义经济危机以后,失业人数总量急剧上升,传统的西方经济学就业理论不攻自破。在此背景下,约翰·梅纳德·凯恩斯(John Maynard Keynes)在《就业、利息和货币通论》一书中提出了一种与传统的西方经济学就业理论不同的就业理论。凯恩斯认为,仅靠市场自发的力量无法达到供给与需求的均衡状态,不能消灭自愿失业和实现充分就业。充分就业,是指在某一薪资水平之下,所有愿意接受工作的人都获得了就业机会。充分就业并不等于全部就业,而是仍然存在一定的失业。但所有的失业均属于摩擦性和结构性的,而且失业的间隔期很短。通常把失业率等于自然失业率时的就业水平称为充分就业。充分就业,即凡是愿意并有能力工作的人都得到了一个较为满意的就业岗位。新古典综合学派是与自由放任、反对政府干预的西方传统就业理论相对立的一种学派,它是最早的凯恩斯主义学派,试图实现凯恩斯宏观理论与古典微观理论的融合,代表人物是托宾(Tobin)和保罗·萨缪尔森(Paul A. Samuelson)。

萨缪尔森综合了凯恩斯的宏观经济学理论和阿尔弗雷德·马歇尔(Alfred Marshall)的微观经济学理论,形成了"新古典综合学派"。新古典综合学派亦称"后凯恩斯主流派经济学""美国剑桥学派",是当代西方经济学界中主要的居于正统地位的流派,是现代凯恩斯主义在美国的一个分支。在维护凯恩斯学说的前提下,其同以马歇尔为代表的新古典学派的某些学说综合起来,形成了一套新的理论体系。他们是凯恩斯主义就业思想的传承者,在凯恩斯就业理论的基础上提出了"结构性失业问题"。他们主张通过政府干预解决劳工失业与职位空缺同时存在的问题,发挥市场的调节和监管作用,增加劳动者的技能培训,加快地区间劳动者的流动,对劳动者进行就业指导以实现充分就业。我国大学毕业生就业质量面临的问题，同样需要政府的宏观调控和政策保障。政府完善相关法律、法规，在毕业生缺少实践经验的情况下进行合理过渡，营造公平的就业环境。虽然政府无法干预用人单位的招聘标准，但可以对违反用人制度的行为进行监督。

（二）职业搜寻理论

职业搜寻理论也叫工作搜寻理论，是1970年由费尔普斯（E. S. Phelps）等经济学家提出的一种理论。这一理论认为在信息不充分的条件下，工作搜寻者通过搜寻活动来逐渐了解薪资分布，通过比较工作搜寻的边际成本和可能获得的边际收益来决定是否继续搜寻。该理论认为就业市场信息是不完全的，劳动者为了获得报酬满意的工作，必须不断进行搜寻。为寻找工作而失业的时间越长，劳动者就越能找到满意的工作，获得的工作报酬就越高。但是随着劳动者在劳动力市场寻找职业的时间的延长，未来寻找到的工作岗位所提供的报酬的提高幅度却在递减。劳动者为获取有关报酬和工作岗位的信息需要花费成本。随着搜寻时间的延长，职业搜寻成本也随之增加，并且职业搜寻时间的边际成本也在递增。根据成本－收益分析法，当职业搜寻收益大于搜寻成本时，进行职业搜寻就是有利的，而最优的职业搜寻时间，则是当职业搜寻时间的边际收益等于边际时间成本时的时间。当边际收益大于边际成本时，劳动者应该继续搜寻，直到二者相等时才应该停止搜寻。在职业搜寻时间到达最优点之前的这一段时期，劳动者保持失业状态就是理性的选择。

工作搜寻是实现就业的途径，不管对于刚要踏入劳动力市场的大学毕业生、失业者、待就业者还是跳槽者而言，都具有重要的意义，关系到未来职业生涯的发展以及生活水平的保障。由于工作搜寻是在一定社会、经济、政治环境背景下进行的，因此国家政策、社会经济环境乃至高校的教育水平等，都是影响工作搜寻行为的因素。但是在相同的社会大背景下，求职者个体之间的差异才是为求职者带来不同就业结果的决定性因素。职业搜寻理论认为，人们寻找工作的过程是一个不确定的动态过程。依据该理论，我国大学毕生就业市场还不完善，信息发布平台不规范，毕业生应当理性搜寻专业匹配、薪资更高的工作，但是这种搜寻应该是理性的，并非无限制的。现在大学毕业生的搜寻期通常是6～12个月，即毕业年度内，大学毕业生应该通过校园招聘会、网络信息来获取就业机会。面对复杂的就业环境，大学毕业生尤其要开发好校友这一宝贵资源，增加就业机会。

（三）劳动力市场分割理论

劳动力市场分割理论，也被称为双重劳动力市场模型，是由美国经济学家彼得·多林格尔（P. B. Doeringer）和迈克尔·皮奥里（M. J. Piore）于20世纪60年代提出的。劳动力市场分割，是指将劳动力市场分割为主要（一级）劳动力市场和次要（二级）劳动力市场。一级劳动力市场一般薪资高、工作条件好、就业稳定、安全性好、管理过程规范、晋升机会多。二级劳动力市场则薪资低、工作条件较差、就业较不稳定、安全性较差、管理方式粗暴、晋升机会少。劳动力市场与产品市场或其他要素市场相比存在着较大的区别。在市场经济条件下，劳动力市场并不能靠市场自身力量达到完善的竞争状态。劳动力市场的非竞争性、不平等性是一种常态，我们不能指望通过市场化来消除它。因此从一定程度上来说，劳动力市场不能完全依靠市场本身来自我完善，需要有更多的政府干预和规划。

目前我国一、二级劳动力市场分割现象严重。由于一级劳动力市场部门岗位有限，一部分接受过高等教育欲进入一级劳动力市场的择业者被驱逐至二级劳动力市场就业，而一、二级劳动力市场待遇差距较大，很容易导致这部分从业者对自身就业质量水平产生不满，提高这部分毕业生就业质量的满意度有很大必要。劳动力市场分割理论从企业需求的角度很好地解释了劳动力市场上的歧视现象，也指出了劳动力市场与其他要素市场相比，具有较明显的非竞争性，反映在当前我国劳动力市场中则表现为一、二级劳动力市场分化严重，劳动力资源配置不合理。二级劳动力市场多由中小企业构成，但并非所有的中小企业都属于二级劳动力市场。大学毕业生可能进入人力资本得不到正确评价的二级劳动力市场，这一劳动力资源配置不合理问题会影响大学毕业生就业质量。

（四）马斯洛需求理论

需求是一切生命体的本能，也是人行动的出发点，人的一切行为活动都取决于当前最主要的需求。就业行为自然也不例外，也是基于个人内在需求的驱动，即动机使然。美国著名的社会心理学家亚伯拉罕·马斯洛（Abraham H. Malslow）在1943年《人类激励理论》一书中提出了马斯洛需求层次理论。该理论将人的各种需求由低到高归纳为五个层次，即生理需求、安全需求、社交需求、尊重需求、自我实现需求。第一层次是人的生理需求，这是人类维持自身生存和个人生理机能正常运转所必需的，是推动人行动的最重要、最强大的动力，主要包括饥、渴、衣、食、住、行等方面。第二层次是人的安全需求，这是人对安全、秩序、稳定及免除恐惧、威胁与痛苦等方面的需求，是人的基本需求之一，主要包括保障自身安全、摆脱事业和丧失财产威胁、避免职业病侵袭等方面。第三层次是人的社交需求，这是人们在交往的过程中渴望建立感情的联系或关系，是更为细致的需求，既包括人与人间的关系融洽或保持友谊和忠诚，也包括人希望成为群体中的一员并获得认可、关心和照顾，主要包括亲情、友情、爱情等方面。第四层次是人的尊重需求，这是每个人都希望自身能力、价值和成就得到他人和社会的肯定、认可，是较高层次的需求，既包括自我在不同情境下独立自主、充满信心的内部尊重，也包括外界对自身信赖、高度评价的外部尊重，主要包括信心、成就、名声、地位等方面。第五层次是人的自我实现需求，这是人对理想抱负、能力、潜力不断完善化的自觉追求，是人的最高层次的需求，主要包括价值观、创造力、责任感、公正度等方面。可以将五种需求划分为两级：低级的需求，包括生理需求、安全需求和社交需求；高级的需求，包括尊重需求和自我实现需求。马斯洛认为人类所有行为都是由需求引起的[2-3]。马斯洛是第三代心理学的开创者，他的人本主义心理学理论侧重于通过对人的内在本性即"似本能"的关注来解读人的需求。他认为每个人都潜藏着最基本的内在需求，这些需求是与生俱来的，成为不断激励和指引个体行为的根本力量。

了解掌握大学生的需求是应用马斯洛需求层次理论对大学生开展就业观教育、就业行为引导的一个重要前提。不同时期、不同阶段以及群体中不同的个人的需求充满差异性、波动性，因此教育引导者应该经常性地开展有针对性的调研，弄清楚大学生有哪些方面的需求，未得到充分满足的需求是什么。对于一般个体而言，人人都有需求，某层次需求获得满足后会产生新一层次的需求。低层次的初级需求比高层次的高级需求更能带来价值感，人们倾向于优先满足较为低层次的初级需求，随后才会考虑追逐更高层次的需求。基于此，大学毕业生就业质量研究应该在马斯洛需求层次理论的基础上加以完善。大学毕业生就业要获得薪资来满足生理上的需求，但这只是基本的刚性需求；工作环境、社会保险等安全需求也是大学毕业生必需的；社交需求反映在就业质量上则表现为对工作关系的处理，单位对员工的关怀可以增强员工的归属感；公平就业及职业发展的实现体现的则是人的尊重的需求。因此，高质量就业与需求层次理论相一致。

（五）人力资本理论

人力资本理论最早是由西奥多·舒尔茨（Theodore W. Schultz）提出的。舒尔茨指出，人力资本其实就是凝聚在劳动者身上的一种资本类型，它可以通过劳动者的技术水平、知识程度、健康状况以及工作能力等要素来表示，也可以说是这些方面价值的总和。人力资本是与物质资本相对的一个概念，一般被理解为通过人力资本投资形成的、寓寄在劳动者身上并能够为其带来持久性收入来源的生产能力。舒尔茨被称为"人力资本理论之父"，他系统地提出了人力资本的概念、投资形式和计量方式。他指出人力资本可以变现为人的知识、技能、资历、经验和熟练程度等。继舒尔茨之后，美国经济学家加里·斯坦利·贝克尔（Gary Stanley Becker）完成了人力资本理论从具体到抽象的理论发展过程，他于1962年和1964年先后发表了《人力资本投资：一种理论分析》《人力资本：特别关于教育的理论与经验分析》等论文。此后，人力资本理论不再把人力单纯作为经济发展的外在因素，而是注重人的能力形成和发展对于社会经济发展的决定性作用，人力资本投资的主要方式包括普通教育、职业技术培训、健康保健、劳动力流动等。

在国内的研究中，大部分学者都接受并认可了舒尔茨关于人力资本的定义，即人力资本是体现在人身体上的健康、能力和知识。人力资本是通过对人的各种投入而形成的资本，其不能作为一个单独实体存在，需依赖于人的体力能力、智力能力与在后天的环境中形成的情商能力，具有劳动能力的劳动者都具有人力资本的依附基础。综合能力是人力资本的核心。直接测量人力资本价值是很困难的，学习年限、学历、学位、证书都是人力资本价值的一种表现形式，并不能反映人力资本的全部价值，而且人力资本是一个发展变化的过程。

（六）社会资本理论

社会资本概念最早起源于经济学，其意义是指个体或者组织从社会中获得的资金。庞克维克早在19世纪末期就曾经给出了社会资本的定义，不过他那时提出这一概念主要是用来与"私人资本"相对应，这个概念在当时并没有引起人们的重视。法国社会学家皮埃尔·布迪厄（Pierre Bourdieu）在1980年发表了一篇题为《社会资本随笔》的文章，由此其成为把社会资本正式引入社会学领域的第一人。布迪厄以阶层和网络为切入视角来定义社会资本，他认为社会资本是利用"关系网络"获取实际的或者潜在的资源的集合体，它被特定群体共享并为群体中的成员提供资源支持。詹姆斯·科尔曼（James S. Coleman）以微观和宏观的联结为切入点对社会资本作了较系统的研究。他认为社会资本研究的目的在于研究社会结构。罗伯特·普特南（Robert D. Putnam）在推广社会资本概念，并使之成为学界讨论的焦点方面作出了重要贡献。他认为，与物质资本和人力资本相比，社会资本是社会组织的特征，如信任、规范和网络，能够通过推动和协调行动来提高社会效率。同时，社会资本可以提高物质资本和人力资本的收益。美国杜克大学社会学系教授林南通过对社会网的研究首次提出了社会资源理论，并在此基础上提出了社会资本理论。在林南看来，所谓资源就是"在一个社会或群体中，经过某些程序而被群体认为是有价值的东西，对这些东西的占有会增加占有者的生存机遇"。他把资源分为个人资源和社会资源。国外对于社会资本的研究开始得比较早，其概念范畴较为宽泛，没有一个统一的定义，其中布迪厄、科尔曼和普特南三位学者的思想被视作"社会资本理论"的奠基之作。

国内研究者在国外社会资本理论研究的基础上将社会资本分为四类：第一类是社会关系网络；第二类是普遍联系；第三类是个体隐藏在社会结构中的资源；第四类是信任、规范、网络等。基于个体层面的社会资本对就业质量的影响因素主要可以归为三类：个人和家庭因素、学校因素、社会因素。也就是说，社会资本来源于大学生社会关系网络，是先天性的家庭社会资本和后天性的个人社会资本的资源的集合，并且可以从社会关系中对大学生求职就业提供一定的帮助。

二、研究内容

本书在梳理国内外相关文献的基础上，分析经济新常态下我国大学毕业生的就业情况，以及经济新常态对大学毕业生就业质量的影响；然后构建大学毕业生就业质量的评价体系，从社会、家庭、高校和毕业生多方面分析影响其就业质量的因素；对本科毕业生发放调查问卷，回收数据进行实证研究，根据统计分析结果提出相应的改善对策。

三、研究方法

（一）文献研究法

文献研究法，是指通过阅读、分析、整理有关文献材料，全面、正确地研究某一问题的方法。本书通过中国知网（CNKI）及其他数据库和网站检索，查阅大量国内外关于大学毕业生就业质量概念界定、评价方法、评价指标及其影响因素等的相关资料，借鉴国内外相关研究成果，对前人的研究成果进行归类、总结、分析，尽可能掌握已有文献，力求全面、客观、真实、准确地把握经济新常态下我国大学生就业的基本状况。明确研究思路，掌握一些理论依据，结合本科院校特点，得出自己的见解和结论。同时保持与时俱进的思想，学习和了解国家新出台的政策，为本研究提供一定的理论基础和研究思路。

（二）德尔菲法与层次分析法相结合

德尔菲法又称专家调查法，1946年由美国兰德公司创始实行，其本质上是一种反馈匿名函询法。其大致流程是将拟定好的调查表按照既定程序，以函件的方式分别向专家组成员进行意见征询，经过几轮征询，专家小组的意见趋于集中，最后获得具有高准确率的集体判断结果。层次分析法，是指将与决策总是有关的元素分解成目标、准则、方案等层次，在此基础上进行定性和定量分析的决策方法。该方法是美国运筹学家匹兹堡大学教授萨蒂（A. L. Saaty）于20世纪70年代初，在为美国国防部研究"根据各个工业部门对国家福利的贡献大小而进行电力分配"课题时，应用网络系统理论和多目标综合评价方法，提出的一种层次权重决策分析方法。本书选取的专家包括长期从事普通本科毕业生就业工作并对本书的内容有一定研究的从业人员，用人单位长期从事人力资源工作的专业人员，从事就业质量研究的第三方机构的人员。在德尔菲法的基础上运用层次分析法建模，构建判断矩阵，确定权重。

（三）问卷调查法

问卷调查法是目前国内外社会调查中使用较为广泛的一种方法。问卷，是指为统计和调查所用的、以设问的方式表述问题的表格。问卷法就是研究者用这种控制式的测量对所研究的问题进行度量，从而搜集到可靠资料的一种方法。本书首先根据就业质量评价指标及影响因素进行问卷设计，针对某本科院校2017—2021年的毕业生开展抽样调查，用于对就业质量指标体系的实证分析，调查毕业生的就业质量以及影响因素，为本书的研究提供最真实的第一手材料。

（四）访谈法

访谈法又称晤谈法，是指通过访员和受访人面对面地交谈来了解受访人的心理和行为的心理学基本研究方法。因研究问题的性质、目的或对象的不同，访谈法具有不同的形式。为了使本书的研究更加丰满和充实，在调查问卷的基础上，对部分大学毕业生及用人单位人力资源主管进行面对面采访，收集访谈信息，为研究提供现实依据。

第三节 研究的主要创新点

第一，大学毕业生就业情况与普通劳动者虽有共同之处，但也有其特殊性。每一个时期大学毕业生就业质量都具有阶段性特点，本书将毕业生就业质量放在经济新常态背景下进行研究，更具有针对性和时代性特点。在梳理、研究前人关于就业质量评价成果的基础上，采用德尔菲法构建大学毕业生就业质量评价指标体系，在构建指标时注重主、客观的结合，重视各项指标的易测性、数据的可获得性，为测量和研究范畴内的大学毕业生就业质量提供支持。

第二，相较于其他研究者和就业质量年报把研究对象定位为应届毕业生，本书将研究范围扩大到毕业五年内的毕业生，避免了研究目标样本的单一性，以及当年经济、政策对其就业质量产生的短期影响，也避免了应届生就业的不稳定性被掩盖的问题，从而增强了对大学毕业生就业质量测量的精确性和科学性。

第三，在研究方法上采用德尔菲法，选取的专家来自普通本科院校、第三方评价机构及用人单位。在用人单位方面特别选取了来自本科高校的毕业生，包括了学校、用人单位及毕业生等多个群体，具有广泛的代表性，避免了个体的主观随意性，保证了本评价体系的客观性与科学性。

第二章　就业质量的国内外研究现状

第一节 国内研究现状

我国学者对就业质量的研究相对较晚，但也形成了一定的研究成果。截至2022年9月30日，笔者在中国知网以"就业质量"为关键词进行文献搜索，共有2783条结果，其中期刊论文2337篇、博士论文18篇、硕士论文390篇、报纸17篇、会议论文21篇。以"大学生就业质量"为关键词进行检索，共有1156条结果，其中期刊论文1040篇、硕士论文89篇、报纸27篇。通过文献来看，我国关于就业质量最早的文献出现于1998年。除了一般性的就业质量研究之外，高校毕业生就业质量一直受到学者的广泛关注，研究的视角主要集中在就业质量的概念及内涵、就业质量评价指标体系以及就业质量的影响因素等方面。近年来，由于大学毕业生逐年增加，加之教育部要求各高校发布毕业生就业质量年度报告，一些学者也将各高校的就业质量年度报告作为研究内容，至此大学毕业生就业质量越来越多地进入学术界的研究视野。

一、就业质量内涵及研究范围界定

（一）就业质量内涵

在我国，就业质量尚未形成统一且权威的定义，国内许多学者从不同的角度出发给出了不同的解释。早期学者多是借鉴国际劳工组织提出的体面劳动概念，并结合我国实际进行总结归纳。刘素华在2005年发表的《就业质量：概念、内容及其对就业数量的影响》一文中提出，就业质量研究的是在就业活动中，劳动者与生产资料结合并获得收入情况的优劣程度的综合性范畴[4]。这一概念得到了国内学者的普遍认可。也有学者从其他角度对就业质量的内涵进行阐述。苏士尚于2007年从微观、中观和宏观三个层面阐述了就业质量的内涵，认为就业质量的微观层面是衡量劳动者在整个就业过程中的客观就业状况及主观感受，中观层面是劳动力市场的运行状况和资源配置情况，宏观层面即全体劳动者体面就业的实现[5]。刘世峰认为就业质量就是劳动者在从事生产的过程中取得一定收入的具体情况的好坏状况[6]。张凯在2015年通过分析马斯洛的动机论，将就业质量概念定义为劳动者的基本需要在劳动过程中能够得到满足的程度[7]。截至2022年，学者比较认同现有的研究成果，关于就业质量内涵的研究很少，更多的研究集中在就业质量评价指标及影响因素方面。

（二）大学毕业生就业质量的内涵

我国实行高等教育大众化以后，社会各界及专家学者对大学生群体的就业质量研究较多。近年来，大学毕业生就业质量也更加受到关注。目前，教育部虽然已经要求全国各高校发布毕业生就业质量年度报告，但是各高校发布标准不统一，对就业质量的理解存在较大差异。实际上，对大学毕业生就业质量内涵的理解主要局限在学术探讨层面。秦建国和曾向昌分别引入ISO 9000标准中关于质量的定义来研究大学生就业质量。秦建国指出，大学毕业生就业质量是一个衡量大学毕业生在整个就业过程中就业状况的综合性概念，包括微观和宏观两个方面的内容。微观方面包括就业机会的获得、就业岗位特点以及主观满意程度。宏观方面，是指就业质量受到政府、社会和经济发展因素的制约[8]。同时柯羽也将大学生比作产品，将高校看成生产产品的生产商，认为大学毕业生就业质量是指在接受高等教育的普遍前提下，生产出符合需求的高校毕业生[16]。大学毕业生就业质量好坏是衡量大学毕业生就业状况和社会整体发展状况的综合性指标。曾向昌认为大学毕业生就业质量高就是大学毕业生即将从事的工作与其接受的教育程度、专业和所就读院校的培养目标相适应，且符合其就业意愿[9]。朱钧陶在2015年通过对就业质量概念进行分析后，提出大学毕业生就业质量的内涵具有三个方面的特性：第一，多元化特性。对就业质量进行评估的主体除大学毕业生本人外，还应包括高校及用人单位。第二，主、客观指标相结合。除客观数据指标外，还应考虑主观满意度评价。第三，包括宏观和微观两个层面。微观层面包括高校、毕业生和用人单位对就业质量的影响，宏观层面包括劳动力供需比率对就业质量的影响[10]。吴新中、董仕奇提出就业质量是一个相对主观的概念，同时存在一定的客观性，是基于个体、学校、用人单位、家庭、社会满意度等多个评价维度的一定时间序列内的综合概念和价值判断[11]。杨翠苹以新乡医学院三全学院为例，提出毕业生工作条件、就业能力、社会保障、劳动关系及学院就业服务体系五个核心要素，通过五个要素对独立学院本科毕业生就业质量内涵进行研究，并将其作为衡量标准与普通本科院校的毕业生相比，发现独立学院毕业生的薪资水平总体处于中等偏下，社会保障水平也同样偏低[12]。

（三）研究范围界定

就业，是指劳动者与生产资料结合并从事的某项活动，它包含就业数量和就业质量两个方面。就业数量，是指多少劳动者与生产资料结合，就业率和就业人数是衡量就业数量的指标，而劳动者与生产资料结合并获得报酬或收入情况的优劣程度，则可以定义为就业质量[4]。目前国内学者广泛认同的就业质量是指劳动者与生产资料结合并获得报酬或收入情况的优劣程度，这属于狭义范围的就业质量。从广义上来说，就业质量还包括劳动力市场就业质量，指劳动者的就业为整个社会带来的效用和价值的总和，包括个人、企业和社会三个层次。本书研究的就业质量内容为狭义的就业质量。就业质量的概念既可以从劳动者个体的微观层面来理解，也可以从国家或地区层面的宏观层面来理解。从微观层面来看，就业质量主要指劳动者个体的具体工作状况。从宏观层面来看，就业质量反映国家或地区就业质量的状况。本书研究的就业质量主要是基于劳动者角度进行统计,进行理论探究和实证分析,属于大学毕业生群体内的个体微观层面的就业质量概念。其中大学毕业生又包括"双一流"院校和普通本科院校。由于"双一流"院校本科毕业生在就业时有一定的院校背景光环,有一定的竞争优势,因此本书不对其作主要研究。本书主要研究的范围确定在普通本科院校本科毕业生层面。本书只针对普通本科院校的本科毕业生群体的个体微观层面就业质量进行探讨。

二、就业质量评价

目前,我国还没有统一的适用于大学毕业生就业质量的评价体系。对大学本科院校而言,就业情况的优劣普遍关注"就业率"指标,以及院校之间的排名。随着大学毕业生就业满意度的下降,"慢就业"现象越发普遍,人们越来越多地关注大学毕业生的就业质量。在就业质量评价方面,研究的焦点集中于评价指标的确定以及指标体系间各指标权重的量化方法。在就业质量的评价体系研究中,不同的学者根据研究对象的不同有不同的指标组合。早期学者引入国际劳工组织提出的体面劳动观来构建指标,并按重要程度来赋予权重,代表学者有刘素华(2005),杨河清、李佳(2007),史淑桃(2008)等。以上学者从微观层面关注个体劳动者在就业中的具体因素,提出的评价指标包括:聘用条件、工作环境、社会保障、劳动关系、薪酬福利以及个人发展等[13-15]。柯羽把高校看作供给方、社会作为需求方,把高校毕业生的就业质量视为高校产出的产品同社会需求之间的匹配。他提出了5个评价指标,即就业率、薪酬水平、供需比、就业结构和社会认可度[16]。李菲菲提出大学毕业生就业质量评价指标体系,该指标体系包括工作条件、劳动关系、社会保障和工作满意度4个一级评价指标和8个二级评价指标[17]。刘世峰提出高校毕业生就业质量评价体系,该指标体系包括就业率、就业水平、创业、职业胜任和满意度共5个一级评价指标和17个二级评价指标[6]。近年来,一些学者从社会、家庭、高校、毕业生个人等多方面进行评价。张抗私、刘翠花、吴新中等从政府、社会、单位、家庭、毕业生几个群体的满意度入手，以多方主体角度构建评价指标[18-19]。关于权重的确定方法，一般为专家评分和数学模型、矩阵判断等。赵懂敏构建了经济新常态背景下大学毕业生就业质量评价指标体系，体系包括工作特征、薪酬福利、职业发展、劳资关系、就业认可度、就业弹性6个一级指标，一级指标下还包含19个二级指标[20]。孟晓轲和徐姗姗认为传统大学生就业质量评价精度低，用建模的形式在评价方法上作了改进，建立了灰色关联分析和深度学习的大学毕业生就业质量评价模型[21]。

另外，针对大学本科院校中的独立学院，一些学者专门制定了就业质量评价指标。高银玲、张科设定了在岗情况、个人认知和影响因素3个一级指标以及工作报酬、工作稳定性、个人满意度、专业对口度等16个二级指标，构建了河北省独立学院毕业生就业质量调查的指标体系，对河北省独立学院2012届毕业生就业质量进行了抽样调查，结果显示所调查的毕业生对薪酬福利的满意度偏低[22]。曾凡富、孙晓媚选取就业率、工作条件、就业结构、满意度4个一级指标，下设工作报酬、福利和社会保障、工作适应度、个人发展等12个二级指标，构建独立学院毕业生就业质量评价指标体系；二人对广东省S学院2010—2013届毕业生就业质量进行抽样调查，结果显示独立学院的就业质量不高[23]。李艳以初次就业率、综合就业率、专业对口率、择业转向率、失业率为衡量指标，以重庆市师范大学涉外商贸学院2008—2012届毕业生为研究对象进行就业质量研究，调查发现其综合就业率和初次就业率均比较高，但专业对口率非常低，择业转向率和失业率较高[24]。陈莉莉、张玮、李希等对北京理工大学珠海学院机械与车辆学院毕业生进行跟踪调查，从就业方向、就业地区、收入、就业满意度等方面进行就业质量分析，发现毕业生多在民营企业就业，专业完全对口率仅为18.45%[25]。翟元兴对大学生就业质量展开了分析，以南昌某校2019届毕业生为研究对象，对其开展了就业满意度、工作与专业相关度、就业薪酬与福利等情况的调查，进而分析了大学生目前在就业质量方面存在的问题[26]。

三、就业质量影响因素

近年来,从国内的文献资料来看,大学毕业生就业质量的影响因素主要包括个人因素、家庭资源、学校因素、心理资本以及社会因素。个人因素包括专业知识、学习成绩、就业能力、学历层次、工作经历及在校情况等,属于人力资本方面。家庭资源是重要的社会资本来源。学校因素包括人力资本和社会资本两方面的内容,两者在其中都有所表现。心理资本是不同于人力资本、社会资本的一种资本,也是不容忽视的研究因素。社会因素主要是宏观层面的经济、政策影响。

(一)社会对就业质量的影响因素

社会对就业质量的影响因素一方面包括政策和经济层面,另一方面包括用人单位方面。社会对就业质量的影响因素涉及多个主体、多个层面。从宏观层面来看,许多学者研究表明,在解决大学毕业生就业问题的过程中,国家及政府层面的就业环境、就业政策、就业指导、就业保障等发挥了重大作用,且显著影响着就业质量的好坏。同时,良好的经济、政治环境也为保障就业质量提供了有利条件。郭虎子和黎维锐从宏观层面研究了大学毕业生就业质量的影响因素,结果显示高校扩招政策致使毕业生数量逐年增加,产生了消极的影响;经济发展水平的不断加快、高等教育经费的大量投入和经济结构转型升级等对就业质量有积极的影响[27]。张成刚在2019年发表了《问题与对策:我国新就业形态发展中的公共政策研究》一文,他指出公共政策对劳动者收入及保障、劳动力市场等方面都有一定的影响,在新的就业形态中,应该更新公共政策和劳动立法,从而促进就业[28]。赵文学在2022年发表的《高校毕业生就业质量影响因素与提升策略》一文中指出,就业单位的工作环境和制度安排是影响就业质量的直接因素[29]。同样是在2022年,李沙沙在《高校大学生就业质量影响因素及提升路径研究》一文中通过对猎聘大数据研究院推出的《2022应届大学毕业生就业数据报告》进行分析,提出企业提供职位的地区对大学毕业生就业质量具有重要影响[30]。除此之外,企业职位的薪资待遇也是大学毕业生就业质量的重要影响因素。

（二）高等教育对就业质量的影响因素

高校是影响毕业生就业质量的重要人力资本因素。学校的层次及资源的多少直接影响毕业生的就业质量。大学毕业生作为就业人员在未迈入社会之前接受的专业及就业指导主要来自高校，因此高校的专业及就业指导情况在很大程度上会影响毕业生的就业质量。胡永远、邱丹表示，院校层次、成绩排名、获得奖学金、专业技能证书、实习经历等情况对薪酬收入有显著的正影响[31]。孟大虎、苏丽锋、李璐发现，学习成绩较好的大学毕业生更容易获得高收入的工作，英语成绩及相关证书对大学毕业生的就业质量也有显著的正向影响，不同层次、类别的院校，不同专业的培养方式和内容，学生个人能力、知识、技能的获得也会有所不同，进而影响其就业质量[32]。高耀、刘志民、方鹏指出，大学毕业生的院校类型、层次、学科类别等对其毕业时初次就业的单位性质、工资起薪以及就业满意度有显著的正向影响，影响大学生初次就业的单位性质、月工资和就业满意度[33]。岳昌君、夏洁、邱文琪认为就业者的就业途径还受到受教育水平的影响，学校背景对大学毕业生就业满意度、初始工资等有重要的影响[34]。冯婧认为影响大学毕业生就业质量高低的原因主要是高校扩招导致的发展不平衡[35]。

（三）家庭对就业质量的影响因素

文东茅研究发现家庭的文化教育对大学生就业质量有显著影响[36]。钟昌红通过对北京、天津、河北三所不同层次高校的毕业生进行分析发现，家庭文化资本对子女选择工作时的毕业去向、单位类型具有显著的影响，不同家庭对于子女选择毕业去向时考虑的因素相差较大，家庭的经济状况也是大学毕业生就业选择与就业质量的重要影响因素[37]。薛在兴认为社会资本，特别是可接近的社会资本，包括家庭地位和家庭外认识人的最高地位与大学生就业质量有正相关关系[38]。岳昌君、张恺研究发现家庭经济收入对大学毕业生职业获得与工作起薪都有显著的影响，家庭收入水平越高，大学毕业生工作落实的概率显著更高[39]。赵方铭对全国2914名应届大学毕业生进行调查发现，城市和农村的家庭背景差异对大学生毕业时就业选择的影响十分显著。家庭所在地位于农村的大学毕业生更可能选择县级市及以下地区就业，选择第二产业就业；家庭所在地是城市的大学毕业生更愿意选择地级市及以上地区就业，选择第三产业就业[40]。陈冬、刘红祥、郑洁从家庭社会资本与学校社会资本两个角度进行实证研究，得出家庭社会资本对就业质量的影响尤为重要，父母的学历、从事的职业和家庭年收入都正向影响就业质量[41]。代睿分别从先赋性社会资本和自致性社会资本两方面，对就业期望和就业过程进行调查，发现社会资本对就业机会的获得以及就业质量的提升均有帮助[42]。王碧梅、郭佳楠通过对1956名大学生进行研究，发现家庭层面的文化资本对大学生学术成就有正向作用，并进一步影响大学毕业生的就业质量[43]。

（四）个人对就业质量的影响因素

微观层面包括毕业生所具备的社会、人力、心理资本等各方面因素。赵建国、王嘉箐将社会资本分为先赋性和后致性两类，指出先赋性社会资本和后致性社会资本对就业心理、就业过程和就业质量满意度具有不同程度的正面影响[44]。肖林生分别在2016年和2017年以珠海市三所独立学院2014届毕业生就业数据为基础，选取就业率、薪酬水平和就业满意度为就业质量评价指标，从人力资本和社会资本两个方面展开分析，得出个人社会资本，尤其是干部经历、实习和兼职经历对毕业生就业质量影响最为显著，个人社会资本的影响度高于家庭社会资本；人力资本方面，英语水平（CET-6）对就业落实、薪酬和就业满意度均具有显著影响[45-46]。岳德军、田远研究发现，学习成绩，大学英语四、六级考试，获得专业或职业资格证书，辅修本专业外其他专业，参加过创业竞赛活动，政治面貌等人力资本，均显著影响大学毕业生的就业质量[47]。沈诣运用多元回归分析方法，首次研究了择业效能感对大学毕业生就业质量的影响，发现择业效能感越强的大学毕业生就业质量越高[48]。曹锐采用假设法研究了心理资本（包括自我效能、希望、乐观、韧性四个维度)对大学毕业生就业的影响,最后证实希望、乐观、韧性对大学毕业生就业机会的获得有正向影响[49]。周真采用理论与实证相结合的方法研究了心理资本对大学毕业生就业质量的影响,发现心理资本对一般本科院校应届毕业生就业能力有显著影响[50]。贺暖暖、高毅蓉引入就业能力中介变量设计问卷,利用287份回收问卷数据,将理论与实证相结合,结果证明心理资本对大学毕业生就业质量具有显著的正向影响[51]。

第二节 国外研究现状

由于各国国情以及社会发展阶段不同,面临的就业问题也不同。美国著名管理学家弗雷德里克·温斯洛·泰勒(Frederick Winslow Taylor)在20世纪初提出"就业质量"这一概念,被认为是关于就业质量最早的研究,随后越来越多与就业质量相关的概念出现在大众视野。20世纪70年代,一些国外学者和国际组织就开始进行就业质量相关问题的研究。

一、就业质量概念

起初,就业质量这个概念还没有给出,而是代以其他名称出现,比较有代表性的是"工作生活质量""体面劳动""工作质量"以及"高质量就业"。其中,最有影响力的是"体面劳动"。"体面劳动"是国际劳工组织国际劳工局局长胡安·索马维亚(西班牙语:Juan Somavía)于1999年首次提出的,是指劳动者的权利得到保护,有足够的收入、充分的社会保护和足够的工作岗位,具体指促进男女在自由、公平、安全和具备人格尊严的条件下获得体面的、生产性的可持续工作机会。它涵盖了就业数量和质量两方面的内容。从狭义上来说,体面劳动主要反映的是就业质量的状况,因此被认为是就业质量概念的基础[52]。2000年,为了应对欧洲出现的高失业率和招聘困难共存的局面,欧盟理事会提出"工作质量"的概念。随后,Schroeder F. K. 在

2007 年以就业质量的评价作为标准，提出"高质量就业"的概念[53]。他认为高质量就业就是能够在令人满意的工作环境中，从事富有挑战性的工作，并且获得满足生活需要的报酬，同时强调劳动收入虽然重要，但并非衡量高质量就业的唯一标准。至此，就业质量的概念在西方得到了完善和发展。国外对于就业质量问题的研究，大部分从经济学角度进行阐述，如以亚当·斯密（Adam Smith）为代表的英国古典政治经济学派认为，劳动报酬是衡量就业质量好坏的关键点；而幸福经济学家理论则更关注劳动者的体验以及主观能动性，认为收入只能作为衡量的基础，但不是绝对唯一的，除收入以外还包括劳动者的社会就业保障和职业理念等要素。

二、就业质量评价指标的选取

在评价标准方面，首先是国际劳工组织在 2002 年提出的体面劳动指标体系，这套评价体系包含 4 个方面（工作权利、就业、社会保护和社会对话）、6 个维度（工作机会、在自由的条件下工作、生产性的工作、工作平等、工作安全和工作尊严）、11 个测量属性（就业机会、不可接受的工作、足够的收入和生产性的工作、合理的工作时间、工作的稳定性、社会公平待遇、劳动安全、社会保障、工作与家庭生活、社会对话与劳动关系、经济和社会）和 40 个衡量指标，涵盖了何为体面劳动、获取工作的机会和工作是否能接受等方面[52]。该指标将工作权利、就业、社会保护和对话融合在一个综合的框架里，从国家和劳动者层面构建了一个完整的可评判的体面劳动体系，影响深远，得到了西方学术界的普遍认同。联合国欧洲经济委员会也提出了衡量工作质量的多维度指标，这套指标涵盖了安全和职业道德、工作收入和福利、工作和生活的平衡、工作保障和社会保障、社会对话、技能培训和发展 6 个维度。欧洲管理发展基金会认为工作和就业质量应该从职业安全、健康与福利、工作和生活的协调、技能提升等 4 个微观层面来考虑。这几个指标后来被定义为"莱肯指标"，应用于欧洲和加拿大的就业质量评价，实现了不同地区就业质量的横向比较。后来，欧盟委员会提出了工作质量指标体系，这一指标体系从10个维度对就业质量进行衡量。从2005年开始，联合国欧洲经济委员会协调欧盟委员会以及国际劳工组织和欧洲管理发展基金会，将上述三套指标体系进行一致化和标准化处理，建立了一套统一的就业质量指标体系，于2010年编制完成，并发布了包括德国、法国、意大利、加拿大、芬兰、以色列、墨西哥、摩尔多瓦、乌克兰9个国家在内的就业质量国别报告[54]。另外，国外学者主要将薪酬、就业满意度等人文关怀方面的指标列为就业质量评价标准。Beatson用工作满意度来衡量就业质量，运用反映劳动与回报关系的经济契约内容和反映雇主与官员关系的心理契约来评判[55]。Richard Brisbois通过对美国和欧盟等国家就业质量的分析，提出了就业保障、技能开发、工作满意度、健康和福利等就业质量评价指标[56]。欧美等西方国家对于就业质量的评价一般会把安全、待遇、职工福利和工作满意度等作为指标体系中的关键因素，较多地偏向人本关怀。

三、大学毕业生就业质量影响因素

国外尤其是发达国家，很早就实现了高等教育的大众化。因此，他们主要关注的是一般就业质量的研究，研究的兴趣点主要集中在大学毕业生的收入期望和就业质量影响因素两个方面，而不同大学毕业生群体的就业质量没有得到特别的关注。1995年，Julian R. Betts调查了1269名加州大学圣地亚哥分校的学生，对就业收入的期望进行研究，分析了学历、性别、父母收入水平等对薪资的影响，并发表了研究报告[57]。Bills用回归分析的方法阐明影响起薪的因素，发现高校毕业生就业竞争力和收入的决定因素是大学生的学历层次和学业情况[58]。Rafael和Fernandez以西班牙为例进行实证研究，指出工作满意度是影响就业质量的一个因素[59]。Roopali Johri从薪酬、工作满意程度、雇佣关系3个方面对劳动者的就业质量进行衡量，甚至认为工作满意度已经取代薪酬成为衡量就业质量的主要指标[60]。Mircille Razafindrakoto和Francois Roubaud从基于劳动力状态的工作满意水平、基于个人特征的工作满意水平和基于工作特征的工作满意水平3个方面对工作满意度进行了衡量[61]。

Gershuny 通过大学毕业生自评的就业质量等级量表，发现独立判断与主动参与能力、自尊自信、动机和意识、兴趣爱好等大学毕业生内在主观因素对就业质量有显著影响[62]。Aerden K.V. 利用 2005 年欧洲工作条件调查的数据，通过聚类分析发现工作福利与就业质量之间存在显著的相关性[63]。Vaughn 通过对 170 名大学毕业生进行在线调查研究，发现就业中工作关系会影响就业者的心理健康与幸福感[64]；研究表明大学毕业生的收入期望普遍过于理想化，与实际工作收入之间存在一定的差距；影响学生收入期望的原因是多方面的，其中包括专业、成绩、学校、家庭甚至性别等。

第三节 国内外研究评述

综合国内外研究现状，国内外对就业质量的定义并没有形成统一的标准，但研究者对就业质量内涵的理解是一致的。无论是国际组织还是专家学者对劳动者的就业质量都非常关注，主要研究的方向有就业质量的概念和内涵、就业质量的评价指标体系和影响因素等。由于各国国情不同，研究的侧重点也不尽相同。一些发达国家主要从收入期望与工作满意度方面来评价大学毕业生的就业质量。国际上对就业质量指标的选取在考虑经济背景和就业相关要素的前提下，着重考虑了工作满意度，这些研究为我国大学毕业生就业质量研究提供了一定的参考。国内学者引入国际劳工组织提出的体面劳动概念并结合我国实际情况，针对大学毕业生就业质量展开了大量研究。国内学者在早期针对就业质量的概念和内涵的研究基础上，对就业质量评价指标体系的构建以及影响因素展开了研究。特别是最近几年，从文献研究数量来看，研究主要聚焦在大学毕业生就业质量评价体系构建、就业质量影响因素及提升路径三大主题上，研究范围从农民工、高职高专毕业生到本科毕业生、硕士研究生都有涉及，但研究对象和研究方法存在一定的局限性。相关研究可以分为四大类。

第一类是现状研究。简述或综述他人在本研究领域或相关课题研究中做了什么，做得如何，有哪些问题解决了，哪些尚未解决。对当前未解决的问题进行梳理和分析，以便为自己开展课题研究提供背景和起点；然后分析现状背后的原因，找到原因后提出解决策略或方案，这一类型的研究大多是纯理论性的，一般不会用到分析模型；在解决问题时，会依据已有理论进行分析和归因，在有理论依据的前提下进行分析，这样有利于为课题找到突破口和创新处。

第二类是就业质量评价方法研究。就业质量评价指标体系应由反映就业质量内涵的多个指标及其评价标准量化得出。由于研究视角不同，指标的确定也不统一，或多或少会带有一定的主观性，研究者们在选择评价指标时各有侧重。有的研究者只关注就业率、薪酬待遇等客观指标，有的研究者仅关注评价主体对高校毕业生就业质量的满意度。主、客观指标相结合的研究中，各指标的赋权也不尽相同，至今还未形成普遍认同的科学、合理、全面的大学毕业生就业质量评价指标框架。统计学中常用的指标确定方法有层次分析法、主成分分析法、因子分析法等。研究形成的评价指标普适性差，没有形成统一的就业质量评价标准。在研究方法上以主观经验和定性描述为主，特别是在确定大学毕业生就业质量评价指标时，运用科学方法和数据统计分析的较少，数据统计时取得的样本数也不多，研究结论的科学性和应用性还有待进一步论证。

第三类是就业质量的影响因素研究。国际上，特别是欧美等西方国家一般较多地偏向人本关怀，更多地考虑收入水平及就业满意度。国内学者对于就业质量的影响因素研究范围更广。受政府关注度影响，学者对农民工和大学生两类群体的关注度最高。对大学毕业生就业群体进行研究时，通常将大学毕业生就业质量相关因素分为个人因素、社会因素、家庭因素和高等教育因素四类，这四类因素在求职过程中属于人力资本和社会资本两方面的内容。从大学毕业生个人素质出发的研究包括职业价值观、自我效能感、就业能力、成就感等，社会因素包括政策和经济层面与来自用人单位方面的，家庭因素包括家庭经济水平、父母受教育程度、家庭所拥有的就业资源等，高校教育方面包括院校层次、教育水平、专业设置、学业及就业指导水平等。最近又发现心理资本是不同于人力资本、社会资本的一种资本，也是不容忽视的重要的影响就业质量的因素。

　　第四类是实证研究。此类研究一般是在一定范围内进行调查，收集真实的就业跟踪数据，对回收数据进行分析，也有对高校发布的就业质量报告数据进行分析研究的。此类研究首先是确定研究范围，设计合适的问卷，收集整理数据，针对性非常强，在样本足够大的情况下有很高的借鉴价值。可以根据调查数据分析出影响因素，并根据数据反映的问题提出相应的解决方法和建议。但此类研究存在的最大问题就是样本采集问题，样本覆盖范围不全或样本数量太少是现有大部分研究的共性问题。大学毕业生是就业的主力军，是高等教育不可忽视的人群，其就业质量也关系到我国高等教育的健康发展。

第三章 经济新常态下大学毕业生就业情况分析

随着我国社会经济建设的进步与发展,经济体制由原来的计划经济发展为市场经济,我国的就业模式和就业政策也发生了本质变化。大学毕业生就业也由原来的国家"统包统分"转变为现在的毕业生和用人单位双向选择、择优录用模式。从高校扩招开始,每年都有大量的大学毕业生面临就业问题。随着经济新常态的到来,我国就业环境受到了一定的影响,大学毕业生就业形势也发生较大的变化。分析大学毕业生就业情况有助于大学生掌握当前的就业政策与形势,引导大学生正确认识和对待新的就业形态,提前作好职业规划,提高就业质量。

第一节 经济新常态概述

在经济新常态的背景下去探究大学毕业生就业质量问题,首先必须明确经济新常态是如何提出来的,是在什么样的背景下提出来的,以及经济新常态的内涵与特征。在全面把握经济新常态内涵的基础上,分析大学毕业生的就业情况及所面临的问题,对大学毕业生就业质量问题进行更深入的思考,从而提出更有针对性的解决方案。总的来讲,经济新常态是经济结构的对称态,是在经济结构对称态基础上的经济可持续发展,包括经济可持续稳增长。经济新常态的"新"主要体现在经济发展状态与以往不同。经济发展速度开始放缓，由高速发展转入中高速发展阶段，经济发展速度进入稳定和适宜阶段，经济发展结构处于转型升级阶段，创新驱动逐渐成为经济发展的主要驱动要素，同时在这个阶段，要面临新旧转换带来的各种挑战和机遇。新常态是从经济的快速发展转变到经济发展质量的提升上，开始进入可持续发展阶段。

一、经济新常态的提出背景

理论上讲，一个国家的经济发展和繁荣往往依靠三个渠道，即投资、出口和消费。2011年以来，由于出口量减少和房地产市场供过于求，我国的经济增长逐渐放缓。改革开放以来，发展过程中过分追求GDP总量而忽视质量，依靠重工业无限扩大产能的经济发展模式产生了很多的现实问题，比如环境污染、生态破坏、水资源污染等。许多人认为依赖财政政策刺激和出口型的中国经济难以维持长期、可持续的经济增长。外界普遍认为，中国经济面对"硬着陆"和各类历史遗留问题的困扰，需要为经济增长注入新的活力。近年来，政府也承认经济下行的压力始终存在并长期持续。

2014年5月，习近平总书记在河南考察时指出，我国发展仍处于重要战略机遇期，我们要增强信心，从当前我国经济发展的阶段性特征出发，适应新常态，保持战略上的平常心态。这是我们党立足于我国经济发展的现实状况，在遵循经济发展客观规律的基础上作出的一个重大判断，深刻揭示了我国经济发展的新变化。2014年7月29日，习近平总书记在党外人士座谈会上强调，要把思想和行动统一到中共中央的决策部署上来，正确认识我国经济发展的阶段性特征，进一步增强信心，适应新常态，共同推动经济持续健康发展。2014年11月9日，习近平总书记在亚太经合组织工商领导人峰会开幕式上，从经济增长速度、经济结构调整、经济增长动力三个方面阐述了经济新常态的基本特征，进一步加深了人们对经济新常态的认识。2014年12月，习近平总书记在中央政治局会议和中央经济工作会议上，对经济新常态进行了更加系统和全面的阐述，标志着我国经济新常态的理论体系基本形成。

2014年以来，人民日报等主流媒体对政策导向和长期增长目标进行了阐述和总结。国内外学者评价当前我国经济处于"中高速、优结构、新动力、多挑战"的阶段。

经济新常态的提出，有深刻的国际和国内背景。从国际背景来看，自2009年美国太平洋基金管理公司总裁穆罕默德·埃里安（Mohamed El-Erian）提出以后，在世界经济论坛年会等权威的经济峰会上，"新常态"一词频繁出现，引起了与会者的广泛关注。2008年美国次贷危机爆发，世界经济受到严重的冲击，全球主要金融市场出现流动性不足的危机。发达国家经济增长缓慢甚至出现了负增长，因为外部性需求减少，发展中国家的经济也受到一定程度的冲击。世界经济新常态下的总体持续低迷状态，直接降低了外需对我国经济增长的拉动能力，从而在一定程度上拉低了我国经济增长的总体速度。世界经济的波动在一定程度上促成了我国经济新常态的形成。从经济新常态提出的国内背景来看，首先，我国经济在新常态之前的发展模式主要是高资源投入的粗放型发展模式，我国经济主要依靠大规模资源能源投入，这导致经济出现结构性失衡的现象。其次，我国目前的产业结构和需求消费结构也在发生重大的变化。供给质量差，无效供给充斥，有效需求无法得到充分的满足，供需之间错配现象严重。同时，我国经济发展正处于增长速度换挡期、结构调整阵痛期、前期刺激政策消化期"三期叠加"阶段。最后，我国当前经济发展主要由要素驱动、投资驱动转向创新驱动，要素驱动和投资驱动拉动经济的效应降低，创新驱动成为经济发展的主要驱动力。

二、经济新常态的内涵

"新常态"最早由美国太平洋基金管理公司总裁埃里安提出的，他运用新常态来描述2008年国际金融危机以后全球经济增长放缓、就业率降低、市场萎靡的一种状态。之后全球均用"新常态"概念，积极寻找新兴机会，以摆脱危机。经济新常态的"新"是相对于经济旧常态的"旧"而言的；"常态"代表一种相对稳定的状态；新常态出自旧常态，但又区别于旧常态，是对旧常态的一种创新，是在确定的外界环境、形势下发展出来的一种科学的状态，与社会发展相适应，是一个由坏到好的发展状态。我国经济发展目前处于新常态，主要包含以下内涵。

第一，经济新常态是一种经济高质量发展的状态。在经济新常态下，我国经济增长的速度由高速向中高速转变，最重要的是经济由高速增长向高质量发展转变，通过经济高质量发展不断满足人民对美好生活的需要。改革开放前40多年来，经济高速增长主要依靠大规模的要素投入，其代价是资源浪费和环境破坏。经济发展的"旧"常态主要侧重于强调经济发展的速度，当前面临人力资本成本上涨，原材料、能源、土地的价格和环境保护的成本都在升高，所以以要素投入拉动经济增长已经无法奏效，应寻求以创新、效率为核心的可持续的增长方式。在经济新常态下，突出强调经济发展的质量，坚持经济的高质量发展。大力推进供给侧结构性改革，不断推动经济发展的质量变革，使经济发展呈现出高质量的态势。较高效率支撑下的中速增长，才是真正要建立的"新"常态。

第二，经济新常态下，经济增长的动力具有多元性。在传统经济增长模式下，经济增长主要依赖于传统要素禀赋，但在传统要素拉动经济增长的过程中，其弊端也日益显露出来。在经济新常态下，由消费、投资、出口拉动经济增长的模式亟须转变，消费开始向个性化转变，投资方面的新变化表现为新的投资机会将大量涌现。我们要抓住这个机遇，以创业带动就业。经济增长的动力转向创新，这就要求加大对创新人才的投资力度。传统产业经过几十年的发展，到如今出现供给过剩的情况，在未来的发展过程中，要进行产业的优化升级以及多元化发展，以促进新常态下我国经济的高质量发展。

第三，经济新常态具有可持续性。我国的经济新常态就是经济结构的对称态，是在经济结构对称态基础上的经济可持续发展。这种持续性不仅体现在时间上，而且体现在发展的可持续性上。目前，经济新常态是一个阶段，在这个阶段，包括经济可持续稳增长。经济新常态是强调结构稳增长的经济，而不是总量经济，着眼于经济结构的对称态及在对称态基础上的可持续发展，而不仅仅是GDP的增长。经济新常态不是不需要GDP，而是不需要GDP增长方式；不是不需要增长，而是把 GDP 增长放在发展模式中定位，使我国经济增长的速度趋于平稳，但增长的质量在不断提高。在经济新常态下，经济发展方式实现了转变，经济增长的质量和效益显著提高，新旧动能实现转换。技术创新不断驱动经济的发展，结构失衡的现象不断得到改善，供需之间不断实现动态平衡，供给侧结构性改革也在不断推进，在新常态下促进我国经济持续稳定和高质量发展。

三、经济新常态的特征

2012 年我国经济进入新常态，因为这一年我国经济增长结束了近 20 年 10% 的高速增长，进入中高速增长阶段。进入该时期，我国经济模式相较以往的增长模式发生了重大改变：经济增长速度由高速转变为中高速，产业结构由中低端转向中高端，发展动力和方式由投资驱动和要素驱动转变为创新驱动，组成结构不断优化和完善，同时也面临各种不确定因素的挑战。我国经济新常态的主要特征表现为以下四个方面。

第一，从经济增速来看，在经济新常态下，我国经济的增速由原有的高速向中高速转变，经济增速"换挡"回落，从过去 10% 左右的高速增长转为 7%～8% 的中高速增长。这是未来一段时期内我国经济发展的一种基本态势，是经济新常态的一个最基本的特征，同时也是最主要的特征。2012 年开始，经济增速在 7% 左右，2015 年开始则是在 6% 上下，2017 年增速为 6.9%。2020 年是个特殊的年份，新冠肺炎疫情席卷全球，我国经济增速勉强保持在 2.3%。2021 年经济快速回升，增长至 8.1%，之后经济增长的速度放缓，我国进入经济增长速度的一个"换挡期"，从规模速度型粗放增长转向质量效益型集约增长。

第二，从产业结构来看，在经济新常态下，我国产业结构不断优化调整，由中低端产业结构向中高端产业结构迈进，产业结构失衡的现象得到不断改善。我国产业结构整体不合理，GDP 增长大部分来自低端产业和基础性产业，这和发达国家的发展宗旨相悖。从 2012 年开始，传统产业的发展已经到达了顶峰，并且开始走下坡路，亟须对产业结构进行调整和升级。应着力发展第三产业，发挥小微企业在经济发展中的重要作用。随着我国加速产业结构的调整，第三产业得以快速发展，其在 2013 年对国家 GDP 的贡献率已经提升到了 46.7%，首次超过了第二产业。从 2021 年开始，第三产业增加值比重基本稳定在 53% 左右。在经济新常态下，服务业、小微企业、新兴产业的贡献率逐年增加，制造业正朝着机械化、专业化、智能化的方向发展，而政府也在不断鼓励新兴产业、智能化制造产业发展，将生产与生活服务业放在首要发展的位置，"互联网+"概念正深入社会各行各业，对深化我国经济发展产业布局、促进各产业的协同发展具有重要意义。

第三，从经济发展的动力来看，在经济新常态下，我国经济由传统要素驱动、投资驱动作为增长动力的模式逐渐转变为创新驱动，创新驱动将成为我国经济转型升级的重要一环。我国传统经济增长主要依靠"三驾马车"，即消费、投资、出口，而拉动经济发展的要素主要是劳动力、资本和传统资源。在过去的 40 多年里，由于受国内外各种条件的约束，我国的经济发展是通过高投入、高消耗、高污染换来的，但低劳动力成本优势在如今新形势下正逐步发生改变。人口红利正在逐步降低，受世界科技的创新以及世界新一轮产业革命浪潮的影响，我国的经济增长方式已日渐式微，我们必须转变经济发展的动力，这就是创新。值得高兴的是，随着改革的不断深化和新型、创新性产业不断出现，企业在转型与创新方面的主动性与积极性大大提升，在积极地寻求新的经济增长点，由依靠人口红利转向更多地依靠人才红利，依靠人力资本质量和技术进步。

第四，从经济发展方式来看，经济发展面临多方面的挑战。一些不确定性风险显性化，如楼市风险、地方债风险、金融风险等潜在风险渐渐浮出水面。新常态呈现出的新特征、新挑战、新机遇对各级政府治理能力提出了更高的要求。新常态时期的经济增长方式、市场环境变化要求政府提升其治理能力。一是我国房地产市场已经由"供不应求、总体偏紧"的状态转向"供过于求、总体偏松"的状态。二是各国对于外贸的需求普遍疲弱，因此影响了我国的出口增长。三是企业融资成本居高不下，许多企业面临减员缩招。

四是产业之间发展的不平衡和不协调,面临资源环境的约束增强。在经济新常态的发展过程中还有更多的挑战需要面对,需要不断完善社会主义市场经济体制,市场这只"无形之手"发挥决定性作用的效果将更加凸显。党的十九大报告指出,要加快完善社会主义市场经济体制,以充分发挥市场在资源配置中的决定性作用。

第二节 大学毕业生就业形势

2003年至今,每年大学毕业生总量都在增加,几乎每年都是最难就业季、更难就业季。随着经济的发展,就业政策和就业形态也在不断发生变化。从整个社会层面来看,我国总体就业形势近几年相对稳定,但依然十分严峻。随着我国经济发展降速、产业结构优化不断深入,大学毕业生就业新特征进一步显现:一是大学毕业生总量压力不断增加,社会岗位需求相对在缩减。二是传统行业对大学毕业生的需求在下降,"互联网+"、人工智能、数字通信等新型产业对人才的需求则上升。三是就业矛盾、产业结构性矛盾还未解决,新矛盾却不断产生。由于就业质量不高,一些大学毕业生放缓就业脚步,出现不就业、慢就业等现象。

一、大学毕业生就业政策的发展

我国是世界上总人口和青年人口最多的国家,拥有最丰富的劳动力资源的同时也面临着巨大的就业压力。就业是民生之本、安国之策。我国政府历来高度重视大学毕业生的就业问题,从国情出发,通过实践探索并借鉴国际经验,制定和实施了一系列积极的就业政策。在由计划经济体制向社会主义市场经济体制转变的过程中,就业制度和就业机制发生了重大变化。国家改变了计划经济体制下"统包统分"的就业分配制度,逐步过渡为市场经济条件下的市场就业,实行国家促进就业、市场调节就业和劳动者自主择业的市场就业新机制。变化过程大致可划分为三个阶段：第一阶段是计划经济体制下的"统包统分"阶段，第二阶段是教育体制改革下的双向选择阶段，第三阶段是以市场为导向的自主择业阶段。

（一）计划经济体制下的"统包统分"阶段（1949—1984年）

新中国成立之前，我国大学生基本上是自谋职业的。新中国成立后，我国建立高度民主集中的计划经济体制。随着社会主义计划经济体制的建立，逐渐形成了"统包统分"的高校毕业生就业分配制度，即由国家统一安排招生，并且由国家负担学生上学期间的费用，毕业后由政府以干部身份按计划分配到全民所有制单位工作。其中1951年以前为过渡阶段，"说服毕业生为人们服务，服从政府分配"，到1951年年底，政府明确规定"高校毕业生工作由政府分配"。1953年实行"全国重点高校毕业生由中央统一分配"。1977年恢复高考以后，由于历史原因，国家各项事业百废待兴，各行各业发展都缺少人才，在当时，大学生作为国家培养的高级专门人才是一类稀缺的社会资源。为更好地发挥这一稀缺社会资源在国家经济建设中的作用，中央提出了"统一计划、集中使用、重点配备"和"在适应国家建设需要的基础上贯彻学用一致的原则"等一系列毕业生分配的方针政策，并在此基础上确定了"地方分配、中央调剂"的分配原则。从这一分配原则我们可以看出，这一阶段的毕业生分配制度是我国计划经济体制的产物。尽管这一制度也曾随着时间的推移有过某些局部的调整，如1981年2月13日，国务院批转了国家计委、教育部、国家人事局《关于改进一九八一年普通高等学校毕业生分配工作的报告》的通知，将毕业生的分配办法"确定为在国家的统一计划下，采取抽成调剂，分级安排"。

这种分配办法与我国当时的计划经济体制相适应，体现了社会主义制度的优越性，在一定的历史时期发挥了重要的作用。一方面，这种制度既满足了国家对各种专业人才的需求，又为边远地区、艰苦行业输送了大批建设人才，有利于国家宏观调控人才流向；另一方面，保障了大学毕业生的就业，解除了大学毕业生的后顾之忧，有利于社会稳定。这种毕业就包分配工作的状态持续了十几年,这是大学毕业生就业的第一个阶段。但是,在计划经济向市场经济转变的过程中,其弊端也逐渐显露出来:一是工作分配制度过于死板,难免会使大学毕业生产生毕业就能端上"铁饭碗"的想法,极大地限制了个人的积极性和创造性,减弱了竞争意识和观念。二是过分强调了政府意志,忽略了大学毕业生自我表现的发展需要。三是致使用人单位在吸纳人才时养成了"等、靠、要"的惰性心理,束缚了用人单位用人机制的完善。四是高校缺乏就业市场的反馈信息,无法依据社会需要的变化及时、有效地调整人才培养方案和人才培养目标,失去了主动适应经济建设和社会发展的动力和活力。

(二)教育体制改革下的双向选择阶段(1985—1992年)

随着经济的发展,社会主义市场经济逐步取代原有的计划经济,我国大学毕业生就业政策也不断改变,由过去计划经济下的"统包统分"政策逐渐向以市场经济为主导的就业政策过渡。1983年,教育部确定将清华大学、上海交通大学、西安交通大学和原山东海洋学院四所院校作为学校和用人单位"供需见面"的试点。1985年5月27日,中共中央颁布的《关于教育体制改革的决定》是我国对高等学校毕业生就业政策改革的重要标志。其重大举措之一就是提出对国家招生计划内的学生实行"在国家计划指导下,由本人选报志愿、学校推荐、用人单位择优录用"的分配制度。此后,国家改变了过去由少数人编制分配计划的办法,采取主管部门和高校上下结合的编制分配计划办法,并在落实计划办法的基础上,实行"供需见面",使分配计划尽可能科学、合理、符合实际。1986年,国家教委对试点改革的高校毕业生分配制度进行调研,提出了《高等学校毕业生分配制度改革方案》,在此基础上,广东省作为综合改革试验区,率先提出了《广东省普通高等学校招生、毕业生分配制度改革方案》。1988年起,广东省属高校招收的学生开始收费上学,毕业后推荐就业、定向就业、择优录用。学生自筹经费的招生模式破除了"国家培养,国家分配"的模式。1989年,国务院批转国家教委《关于改革高等学校毕业生分配制度的报告》和《高等学校毕业生分配制度改革方案》(中期改革方案），这是根据当时改革的条件和环境制定的过渡性方案。这项决策为毕业生就业制度的改革奠定了基础，主要明确了三点：第一，高校招生实行国家任务计划和社会调节性计划相结合的政策，后者作为前者的补充，又分委培生、自费生等类型。第二，国家任务计划招收的学生，除师范、农林、体育、民族等专业外，上学要交学杂费。第三，学生毕业后在国家方针政策的指导下，遵照有关规定在一定范围内选择职业。1989年，全国有近百所高等学校按此方案要求开始实施招生。1992年，党的十四大明确经济体制改革的目标是建立社会主义市场经济体制，相应的高校毕业生分配制度逐步向适应社会主义市场经济体制的"市场导向、政府调控、学校推荐、学生和用人单位双向选择"的新制度过渡。

"双向选择"的实施改变了过去"铁饭碗"的局面，从短期结果来看，此项改革给大学毕业生增加了找工作的压力，但从长远结果来看，无论是对社会、高校、用人单位还是对大学毕业生自身来说，都是利大于弊的。关于"双向选择"毕业生就业政策实施的结果，对高校、大学毕业生和用人单位而言，实际上是多方共赢。它给用人单位、高等院校和大学毕业生都带来了积极的影响：第一，此项改革举措尊重了用人单位和大学毕业生双方的意向，使大学毕业生这一社会资源得到了合理的利用，避免了资源的浪费；大学毕业生能够在合适的工作岗位上发挥应有的作用，可以促进我国经济、社会的良性发展。第二，改变了过去用人单位无法选择大学毕业生、大学毕业生也无法选择单位的局面。用人单位拥有用人自主权，可以自由地挑选所需人才，把合适的人才安排到合适的工作岗位上，用人自主性得到较大提高。第三，高等学校的自主性也大大增强，学校可以根据社会发展对人才的需要来制订人才培养计划，对教学模式进行相应的改革，从而使培养出的学生更加适应社会的需求。第四，对于大学毕业生来说，他们在毕业之后，拥有选择权和话语权，可以根据自己的兴趣爱好、理想抱负来自主选择想要进入的单位，这在很大程度上扩大了大学毕业生自主选择的范围，有利于让每个大学毕业生的优势都得到充分的发挥。同时有利于增加大学生的危机意识，提高其学习的积极性。这种改革标志着传统"统包统分"局面的结束，"铁饭碗"不复存在，因此大学生要不断努力，建构自己完善的知识体系，培养自己的素质和能力，对于改变大学里懒散的局面、形成优良学风都有重要的作用。

（三）以市场为导向的自主择业阶段（1993年至今）

1993年2月13日，中共中央、国务院制定并印发的《中国教育改革和发展纲要》（以下简称《纲要》）奠定了"自主择业"就业模式政策的基础。《纲要》明确指出，在20世纪90年代，随着经济体制、政治体制和科技体制改革的深化，教育体制改革要采取综合配套、分步推进的方针，加快步伐，改革包得过多、统得过死的体制，初步建立起与社会主义市场经济体制、政治体制和科技体制改革相适应的教育新体制。即除对少数享受国家奖学金、专项奖学金、单位奖学金的学生实行在一定范围内就业外，大部分学生在国家方针、政策的指导下通过毕业生就业市场自主择业。

1994年，国家教委发出《关于进一步改革普通高等学校招生和毕业生就业制度的试点意见》。1997年3月，随着高等教育开始向大众化阶段推进，国家教委发布的《普通高等学校毕业生就业工作暂行规定》明确指出："毕业生就业工作要贯彻统筹安排、合理使用、加强重点、兼顾一般和面向基层，充实生产、科研、教学第一线的方针。在保证国家需要的前提下，贯彻学以致用、人尽其才的原则。"同时还指出，国家采取措施，鼓励和引导大学毕业生到边远地区、艰苦行业和其他急需人才的地方工作。1999年，经国务院批准，教育部颁布了《面向21世纪教育振兴行动计划》。根据这一文件，从2000年开始，我国要建立比较完善的毕业生就业制度，同时取消了向毕业生发放"派遣证"，取而代之的是向毕业生发放"就业报到证"。同年6月召开的全国教育工作会议也指出，我们建立的毕业生就业制度应当是一个不包分配、竞争上岗、择优录用的用人制度。这标志着我国大学生就业制度结束了"计划、分配、派遣"的历史，转向了以市场为导向的自主择业模式。

从1999年开始，我国出于保障经济发展人才供给、满足青年上大学的愿望等需要，扩大高校招生规模。2002年扩招的第一批专科大学生大量涌入劳动力市场。2003年是普通高等学校扩招本科学生毕业的第一年，毕业生人数约为 188 万。2002 年 3 月，国务院办公厅转发教育部等部门《关于进一步深化普通高等学校毕业生就业制度改革有关问题的意见》的通知，指出"一些地方高校毕业生就业出现困难"，此时开始便出现了大学毕业生就业难的问题。为了促进大学毕业生就业，相关部门相继出台有关大学毕业生就业的政策。2003 年，《共青团中央、教育部、全国学联关于进一步做好促进高校毕业生就业工作的意见》要求各级共青团组织、教育行政部门和学联组织积极采取促进高校毕业生工作的五项主要措施。紧接着，《国务院办公厅关于进一步做好 2004 年普通高等学校毕业生就业工作的通知》指出，毕业生就业形势依然严峻，就业工作任务艰巨，鼓励高校毕业生到基层和艰苦地区工作，录用公务员和企事业单位技术管理人员，各类企事业单位特别是中小企业和民营企事业单位聘用向高校毕业生倾斜，同时鼓励高校毕业生自主创业和灵活就业，为高校毕业生办理户口和人事档案手续提供便利，做好高校毕业生就业指导服务工作，还明确了定向生、委培生就业政策，应届毕业生到部队就业，申请出国留学以及因病不能正常就业和残疾人毕业生就业等特殊就业政策。2006 年 6 月，中央组织部等 14 部委《关于切实做好 2006 年普通高等学校毕业生就业工作的通知》，鼓励高校毕业生参加基层工作，去中西部地区以及艰苦边远地区就业，落实学费和助学贷款代偿和生活补贴等高校毕业生就业扶持政策。

到 2009 年，一方面金融危机导致愈发严峻的就业形势，另一方面，大学毕业生数量剧增，大学生就业问题日益凸显。中央出台了多项前所未有的倾斜政策，鼓励高校毕业生到城乡基层就业，到城乡基层一线工作，把大学毕业生就业纳入了劳动力市场体系的宏观调控中。2011 年 11 月，《教育部关于做好 2012 年全国普通高等学校毕业生就业工作的通知》提出，引导和鼓励高校毕业生到城乡基层、中西部地区、艰苦边远地区和部队建功立业；继续实施好各类基层就业项目，各省级主管部门、各高校要与有关部门密切配合，统筹实施好农村教师特岗计划、西部志愿者计划、"三支一扶"计划、到村任职计划、农技特岗计划等项目，进一步拓宽毕业生基层就业渠道。每年几百万甚至上千万的大学毕业生涌向市场寻求就业机会，而市场机制却还不够完备。社会上大学毕业生就业难的呼声年年出现，特别是从 2020

年年初开始,新冠肺炎疫情在全球范围内暴发,大学毕业生就业受到了严重影响,呈现出了许多新特点。习近平总书记作出了一系列重要指示,要求多措并举做好高校毕业生等群体的就业工作,党中央、国务院高度重视和关心高校毕业生就业。虽然国家颁布实施了一系列针对大学毕业生就业问题的政策,但纵观全国大学毕业生的就业情况不难发现,由于受高等教育大众化的实施、毕业生就业观念的偏差、用人单位人才高消费惯性与就业制度配套的制度尚不完善等因素的影响,以大学毕业生自主就业为主要特征的自主择业政策面临严峻的挑战。

二、经济新常态下大学毕业生就业的趋势分析

自我国高等教育转向大众化教育,大学毕业生数量激进式增长,待就业大学毕业生大幅增加,然而就业市场对人才的需求则相对下降,这就导致了大学毕业生就业供需失衡,致使本身就不景气的劳动力市场变得更加"疲惫不堪"。随着我国经济增长速度变缓、经济结构转型升级以及劳动密集型制造业领域人口红利优势消失,就业形势变得复杂、严峻。从近几年国内外经济环境来看,预计未来经济发展将会处于稳步复苏状态,但情形依然不容乐观。在经济新常态阶段,发展趋于缓慢,就业市场的供求失衡、结构性产业缺失带来的尖锐矛盾依然存在。与此同时,受新冠肺炎疫情的影响,大学生就业岗位数量缩减、岗位质量降低、就业不稳定等新问题不断衍生,严重影响大学毕业生就业工作的开展。欣慰的是,还可以通过线上平台开展就业工作。而且依托互联网平台的新就业形态,出现了大量灵活的就业机会。更加令人欣慰的是,我国政府以及地方相关部门对于就业工作高度重视、认真部署,整体就业形势趋于稳定,随着新一批就业政策的实施和相关部门的努力,就业工作将进入一个多元化的有利局面,就业形势有望得到改善。

(一)新冠肺炎疫情导致大学毕业生就业规划受到影响

2020年年初,新冠肺炎疫情暴发,各行各业都受到了影响。其中,大学

生群体应该是受影响最为严重的群体之一。新冠肺炎疫情的持续反复，加之经济发展的压力，国内就业环境对大学毕业生去向落实非常不友好。受疫情的影响，就业岗位减少，就业市场竞争加剧，更多的大学毕业生更倾向于选择不会受经济大环境影响的工作，考公务员、考事业编的竞争越来越大，很多人都向往更稳定的工作。选择考取研究生暂时规避就业困难的大学毕业生也越来越多，这种现象带来的结果就是延缓就业或慢就业人群数量的增加。麦可思研究院发布的《2021年中国大学生就业报告》（就业蓝皮书）显示：2020届本科毕业生中，54%的大学毕业生表示疫情对自己的求职造成了影响，这种影响主要体现在求职过程中；75%的大学毕业生在实习面试等环节受阻；72%的大学毕业生表示招聘岗位减少，求职难度加大等；另有15%的大学毕业生表示疫情影响了自己求学。在考研方面，2020年硕士研究生报名人数达到341万人，较2019年增长了17.6%。2020届正在读研的本科毕业生中，有21%的人是因求职受到疫情影响而转向读研，准备公务员考试的大学毕业生比例也呈上升趋势[65]。特别是2020届相比前几届上升幅度明显，这反映出在疫情的影响下，"考公热"进一步升温。

就业岗位数量减少，就业竞争更加激烈。因国外疫情加剧，就业机会和学习机会大量减少，迫使大量留学生选择回国就业。据统计，2018年海外归国毕业生人数为51.9万，2019年和2020年分别达到58万和80万，数量猛增。再加上往年未就业的大学毕业生，就业竞争更大。据麦可思研究院发布的大学生就业质量报告相关数据显示，教育业是应届本科毕业生就业量最大的行业，就业于教育培训机构的比例在过去几年内一直呈上升趋势。自2021年7月"双减"政策出台以来，教育培训机构面临重大业务结构调整，2021届本科毕业生在教育培训机构就业的比例为6%，相比于2020届的7.9%，数量明显下降。与此同时，已在教育培训机构就业的毕业生面临重新选择，2018届毕业后就职于教育培训机构的本科毕业生中，在毕业三年后有54.2%的人员流出，这一比例高于2017届同期的47.4%，从流出加之降低的数据明显可以看出，"双减"政策下，教育培训机构吸纳毕业生的数量明显下降[66]。在高校毕业生数量越来越多的情况下，社会岗位减少必定会带来就业市场的"挤压效应"。智联招聘发布的《2022 大学生就业力调研报告》显示，"感受到求职竞争非常激烈"的应届毕业生比例达到 61%，比去年同期上升了 6%。"学位竞赛"和"名校挤压"的现象更严重，"双一流"院校本科毕业生选择进一步深造以巩固竞争优势谋得"金饭碗"，而普通本科毕业生只能通过"挤压"大专生来"抢饭碗"。这种层层挤压不仅会导致普通本科生、大专生就业困难，还会导致高层次人才的大材小用。

（二）新兴产业不断崛起，灵活就业形式越来越普遍

数字经济伴随互联网平台应运而生并迅速发展，依托互联网平台的新型就业模式、就业形态不断涌现，依托于互联网平台的灵活就业人数不断增加。不同于传统用工模式，互联网经济下的灵活用工模式形式多样，成为新就业形态，为毕业生提供了更多选择。国务院新闻办公室 2022 年发布的《新时代的中国青年》提出，新时代中国青年在与互联网的相互塑造中成长，快速兴起的新产业、新业态，催生了大量新职业，集聚了大量灵活就业青年，充分体现了时代赋予青年的更多机遇、更多选择。灵活就业对毕业生起到了分流作用，也在一定程度上缓解了当前的就业压力。在受雇就业比例明显下降的同时，灵活就业明显增多。北京大学发布的《全国高校毕业生就业调查报告（2021）》显示，2021 年毕业生单位就业比例为 32.1%，比 2019 年降低了 5.3 个百分点。智联招聘数据显示，2022 届高校毕业生中，50.4% 的人选择单位就业，比 2021 届下降了 6%，"灵活就业"的比例上升了 10.9%。据全国高等学校学生信息咨询与就业指导中心的数据显示，2020 年和 2021 年全国高校毕业生的灵活就业率均已超过 16%。另外，据麦可思研究院发布的《2022 年中国大学生就业报告》（就业蓝皮书）显示，2021 届本科毕业生中，有 4.2% 的人选择灵活就业，其中包括 1.3% 的人选择受雇半职工作，1.7% 的人选择自由职业，1.2% 的人选择自主创业[66]。2021 届选择灵活就业的本科毕业生中，有三成选择依托互联网平台的新就业形态，主要包括网络创作、主播、全媒体运营等，这些岗位出现的背后都离不开互联网的加速发展和短视频时代的大背景。

灵活就业也被称为灵活用工，其主要特点是不稳定。灵活就业、灵活用工是从劳动者和用人主体角度来描述劳动力市场灵活性的两个名词，因其灵活弹性非传统，亦被称为非正规就业。2004年国务院新闻办公室发布的《中国的就业状况和政策》（白皮书）对灵活就业给予了评价，认为这是一种促进就业的重要形式。不同于传统就业方式，以灵活就业为代表的新就业形态是典型的零工经济，具有灵活性、短期性、流动性和非契约性等特点。但同时，劳动者也面临劳动关系认定难、社会保障缺失、劳动纠纷维权难等问题。因此，仍需关注灵活就业群体的后续就业质量情况。据麦可思研究院调查数据显示，2021届选择灵活就业的本科毕业生中，自由职业、受雇半职工作群体的月收入分别为4471元和4067元，相对较低，从业幸福感和就业满意度分别为71%和64%，同样相对较低。另外，自主创业群体的生存挑战持续增加，2018届毕业后选择创业的本科毕业生中，超过半数在三年内退出了创业队伍，仍在坚守的人数比例为41.5%，相比于2017届同期的43.4%降低了1.9个百分点[66]。随着国家和地方对灵活就业保障支持机制的不断加强和完善，灵活就业群体的就业质量仍有进一步提升的空间，只有进一步完善用工机制，才能让灵活就业模式更大限度地为"稳就业""保就业"提供支撑。

（三）如何提高大学毕业生就业质量将成为工作重心

2013年11月《教育部办公厅关于编制发布高校毕业生就业质量年度报告的通知》，文件规定从2013年起，由各高校编制发布毕业生就业质量年度报告。其规定了高校毕业生就业质量年度报告的内容，包括毕业生就业的基本情况、主要特点、相关分析、发展趋势以及对教育教学的反馈等。还对每一个部分的内容作了框架式的规定，例如发展趋势主要是对毕业生就业的趋势性研判，对教育教学的反馈主要是就业状况对招生、专业设置、人才培养等方面的影响。根据文件的要求，教育部直属75所高等院校相继发布毕业生就业质量年度报告。各高校就业质量报告发布以后，引起了社会的广泛关注，此后高校在每年年底前发布当年的就业质量年度报告。就业质量逐渐成为衡量各高校办学水平及教学质量的重要指标，每年高考后填报大学志愿时，大批学子也会以此为依据进行院校的选择。

学界关于大学毕业生就业质量的研究热度不断升温,研究成果数量也在不断增加,在对大学毕业生就业质量进行研究的过程中,学界发表了各自不同的观点,得到了普遍认可的观点:就业质量主要包括从业者的工作收入、工作环境、个人发展前景和对工作的满意程度,其中关于满意度有人认为是从业者的满意度,还有人认为除了从业者之外还应该包括用人单位的满意度、家庭的满意度、社会的满意度等。虽然微观层面上的就业质量反映的是个体就业者被公平对待的程度,但是就业质量的提高不是个体的事情,它是一个系统的工作,需要个人、企业所有者和政府的共同努力,缺少了任何一方,提高就业质量都是很困难的。在世界经济全球化大背景下,大学生就业也面临新的机遇与挑战。经济发展放缓,产业结构调整,大学毕业生就业期望与现实需求之间存在矛盾,出现慢就业、不就业、考研潮、"考公热"、"闪辞"等现象,归根到底是由就业质量不高造成的。如何提高大学毕业生就业质量是一项复杂的系统工程,需要不断完善大学生就业指导,加大对大学毕业生就业质量、创新创业研究的关注度,及时掌握当代大学毕业生的就业热点,确保大学毕业生高质量和充分就业。这不是短期就能够解决的事情,需要一个长期的过程。

三、经济新常态下大学毕业生就业质量新特点

大学毕业生就业难的根源不是他们找不到工作,而是因为就业质量不高,所以就业难稳定。究其本质,就业难是因为大学毕业生找不到能让他们满意的工作。现在大学毕业生人群中出现的"慢就业""考研潮""闪辞"等现象都是由就业满意度低引起的。满意度低,所以就业质量不高。高校毕业生的就业期望与就业实际情况存在一定的差距,比如大学毕业生对单位提供的岗位、薪酬、工作环境和发展机会预期比较高,但入职之后的实际体验却达不到预期,大学毕业生就可能会辞职。就业质量差距既取决于大学毕业生个人的主观感受,也与用人单位的实际状况密切相关,同时与新时期的就业政策

和就业环境密切相关。近年来，党中央、国务院始终高度重视就业工作，把"稳就业""保就业"摆在"六稳""六保"之首。2021年4月，习近平总书记在中央政治局会议上再次强调，要保障和改善民生，强化就业优先政策，做好高校毕业生等重点群体的就业工作。在严峻的就业形势下，大学毕业生的就业质量问题往往被就业率掩盖。就业率虽在一定层面上能反映出大学毕业生的市场供求关系，但其无法客观体现大学毕业生的薪酬水平、福利待遇、就业满意度、职业发展前景等涉及就业质量的关键问题。近几年来，随着高校对就业工作研究的深入，不管是哪个层次的高校都不是单纯地关注就业率、就业地域等简单要素，就业质量成为综合各个方面因素的一种考量，且关注程度有了大幅度的提升。

（一）就业岗位供给与毕业生就业期望之间存在差距

目前，我国大学毕业生主要为"Z世代"，主要是指1995—2009年间出生的一代人。他们一出生就与网络信息时代无缝对接，受数字信息技术、即时通信设备等影响比较大，所以又被称为"网生代""互联网世代""二次元世代""数媒土著"。这代人正逐步进入职场，成为就业市场的主力军和就业风向的新代表。他们出生于我国经济腾飞的时期，成长环境相对富足，自由多元的职业选择、灵活多变的就业模式，构筑出"Z世代"鲜活生动的就业图景。其在就业方面主要呈现两个显著特点，即职业选择理想化和就业心态多元化。

1. 职业选择理想化

"Z世代"大多生活在相较于父辈更加优渥、开放的环境下，他们对自身幸福和心理健康的关注度越来越高。中国人民大学中国市场营销研究中心调查数据显示，在"就业吸引力要素"排名榜单里，"良好的工作与生活平衡"位列第二名，不少年轻人更青睐人性化、合理的工作制度。"Z世代"大都自我意识强烈，对新事物有较高的接纳度。与老一辈钟情于"铁饭碗"不同，他们更乐于突破传统的工作模式，追求自己的价值，"把兴趣变成工作"是他们的职场宣言。他们同样期待用高额的薪资报酬来体现价值，他们认为薪酬是工作能力和价值的体现。2022年智联招聘针对1万多名毕业生和1000多家企业进行调查并撰写《2022 Z世代职场现状与趋势调研报告》。该报告显示，"Z世代"的理想工作公式＝薪资＋成长＋体验感。调查显示"Z世代"选择当前工作的原因，32%的人是因为工作与生活的平衡，29%的人是因为学习和发展机会，24%的人是因为高薪和其他福利，23%的人是因为积极的企业文化，还有23%的人是因为晋升机会（该调查中，此题为多选题）。从这份报告我们可以清晰地看到新一代大学生的就业期望。但是由于受我国产业转型升级、复杂的国际环境等多种因素影响，目前我国高质量就业岗位供给整体不足。当前社会生活压力增大、就业竞争激烈，招聘岗位跟高质量就业要求和劳动者期待还有较大差距，特别是受新冠肺炎疫情影响，社会能够提供的就业岗位数量有限，就业市场表现不尽如人意。根据智联招聘大数据平台提供的数据显示，2022年上半年大学毕业生求职人数一直在增长，用人单位也一直有岗位需求，但岗位需求的增长速度与大学生求职数量的增长速度不匹配，呈现出供给不足的状态，导致大学生求职竞争指数增大。6、7月份是大学生毕业季，毕业生求职时间延长，求职需求持续高涨，大学生就业市场景气度下降，求职竞争激烈。

2.就业心态多元化

2022年8月15日，国务院新闻办举行新闻发布会公布2022年7月国民经济运行情况，国家统计局新闻发言人、国民经济综合统计司司长付凌晖表示，青年人就业持续承压。2022年以来，青年人就业压力较大，失业率连续走高。7月份毕业季，大量毕业生进入劳动力市场求职。企业受疫情冲击，生产经营困难，吸纳就业的能力有所下降。尤其是大学毕业生就业占比较高的第三产业恢复缓慢，制约了大学毕业生就业。中小型民营企业是校园招聘的主力，但受疫情影响，大学毕业生看到这些企业抗风险能力较低，因而不愿再选择中小型民营企业就业。这样的就业形势对大学毕业生就业心态影响较大，他们更加希望就业趋稳。一部分大学毕业生逐渐倾向于选择工作环境稳定、具有较好社会保障的工作。"考公"队伍明显扩大，大学毕业生更青睐体制内工作。参加公务员考试的毕业生就是看中了岗位稳定，深耕基层但发展前景广阔,"现在都说宇宙的尽头是编制,在就业形势不稳定的现在,考编的确是最安稳的出路"。根据江苏省教育厅相关数据调查,超过40%的高校毕业生希望到各级党政机关、事业单位、国企或大单位就业,而目前岗位供给主要是非公有制单位,其中很多是中小微企业。求职期望和现实岗位需求存在落差,也影响了大学毕业生的就业落实。对2022届江苏高校毕业生就业意愿的调查显示,61.9%的毕业生选择就业,22%的毕业生选择升学,16.1%的毕业生选择暂不就业。其中,本科毕业生就业意愿最弱、升学意愿最强,仅半数选择就业,31.2%的人选择升学。受就业形势、自身就业价值观、家庭环境等多种因素影响,高校毕业生选择暂不就业的比例逐年提高,"待就业""慢就业"现象越发显现。这些就业问题究其根本是由现实与理想之间存在差距造成的。只有消除高校毕业生与职场间的"迷雾",毕业前让毕业生对工作有足够清晰的了解,把"丰满理想"和"骨感现实"之间的落差填补上,就业质量才会得到提高,工作的满意度才能得到提升。

(二)"双一流"高校与普通高校就业质量差距明显

学历层次对于就业质量有一定的影响,用人单位非常看重毕业生的学历。高学历毕业生与用人单位的签约意向达成率更高,达成过程更加顺利,就业质量相对更高。用人单位在招聘时有时候会提出学历要求,而低学历层次的学生就业范围非常局限,一般情况下,低学历学生找工作的模式也形成了另一种系统,即学历与工作形成应对关系。"双一流"院校毕业生在读研深造率、就业形势等方面,要比普通高校毕业生更有优势,而这也成为很多学生奋力考取"双一流"院校的主要原因。受办学优势、经费投入、师资力量、教学水平以及院校影响力等多种因素的影响,"双一流"高校毕业生往往在就业时具有较强的竞争优势,也逐渐成为就业市场人才输出的主力军。而普通高校较"双一流"高校而言,处于劣势地位,大学毕业生在找工作时往往处处碰壁,因此也就增大了不同高校之间的就业质量差异。根据高校每年发布的就业质量报告数据来看,清华大学、北京大学、复旦大学、上海交通大学、浙江大学、南京大学等"双一流"院校学生本科毕业后的去向无非四种：一是在国内考研或者是保研，继续深造；二是出国留学深造；三是考体制内的工作；四是选择就业。选择第四种的学生只有极少数，仅占到各校毕业生总人数的20%左右。这是名校本科毕业生的选择。普通院校的本科毕业生和名校本科毕业生的毕业去向选择完全不一样。普通院校的本科毕业生毕业后的去向大致分为三类：一是考研，毕业后考研的人数占比大概在10%～20%；二是直接选择就业，找一些私企单位上班，人数占比大于50%；三是备考事业单位和公务员，这类人占比在15%～25%。这是普通院校本科毕业生的选择。

首先，在读研方面，"双一流"院校较普通院校有着非常大的优势，主要体现在"双一流"院校的保研率方面。"双一流"院校中的部分一流大学，本科生毕业之后超过半数可直接保送读研，根本不需要通过竞争极大的研究生入学考试，当然也有一些同学会通过考研到其他更好的大学深造。除了保研，很多"双一流"院校的本科生在毕业之后也会走上海外求学之路，其海外深造比例也要高于大部分普通院校。因此，就整体的深造率而言，"双一流"院校要远高于普通院校。其次，在就业情况方面，"双一流"院校也要比普通院校有更大的优势。"双一流"院校中，除了很大一部分本科生会走上读研这条路外，其他就业的同学在就业环境、薪资收入等方面要比普通院校的本科毕业生更加有优势。举个例子，全国各省市每年都会开展高校毕业生选调、人才引进等诸多招聘计划，这些招聘计划对院校和学历都有非常严格的要求，基本上将招聘范围限定在"双一流"院校，因此"双一流"院校毕业生在选调、人才引进等方面优势极大。除此之外，很多国内外名企也更加倾向于从"双一流"院校招聘员工，在校园招聘中也会发现"双一流"院校与普通院校的就业机会差距很大。"双一流"院校的校招企业基本都是世界500强或国内知名企业，抑或是著名单位。而这些企业或单位去普通院校的机会很少，即便去了，在招聘岗位上也会有所限制。一些单位的招聘人员坦言，一些比较受欢迎的岗位在招聘用工时，投递简历的人太多，而学历层次是筛选简历的第一步。也就是说，就业质量的差距从第一步就开始拉开了。

第三节 经济新常态下大学毕业生就业现状

经济新常态下，大学毕业生就业面临全新的挑战和机遇。经济发展降速遭遇高校毕业生人数大量增加，出现了大学毕业生就业总量不断升高、就业率持续走低的就业现状。四年一贯制的培养模式和创新驱动发展战略同时出现，大学毕业生综合能力适应不了就业市场的需求变化，导致就业市场供需矛盾进一步加剧，毕业生"求职难"与企业"招工难"并存。产业结构调整叠加新冠肺炎疫情持续不断，致使大学毕业生就业质量降低、就业观念发生改变，因此大学毕业生盲目追求考研逃避就业，"慢就业"现象日益凸显。

一、大学毕业生就业总量不断升高，就业率持续走低

我国是世界上人口最多的国家，大学毕业生人数逐年攀升，就业形势十分严峻。从20世纪90年代大学扩招、高等教育普及、"大众化教育"取代了"精英教育"开始，高校毕业生就业困难问题就已显现。对大学毕业生来说，就业选择是从接受知识的学生角色过渡到应用知识创造价值的劳动者角色，这是大学生职业生涯发展的重要转折。要作出这样的关键性抉择，既需要对自身有准确的认知，又要对外部影响因素进行系统的分析和把握。了解就业形势与分析就业现状，有助于大学毕业生了解劳动力市场现状，增加对外部就业环境的适应性。近年来，青年失业率持续上涨，2022年8月15日国家统计局公布的数据显示，2022年7月，全国城镇调查失业率为5.4%，其中，16～24岁人口调查失业率达到19.9%，较2021年同期高出3.7个百分点，较25～59岁人口调查失业率高出15.6个百分点，反映出青年人群面临更为严峻的就业形势。国家统计局公布的16～24岁人口调查失业率包含了该年龄段的农民工和大学毕业生两个主要群体。农民工群体的失业率相对较低，因此大致估算可知大学毕业生失业率较高。2022年大学毕业生首次超千万，达到了1076万，其中本科毕业生达到了471万人，如此庞大的毕业生人数和新冠肺炎疫情影响经济发展重叠，又将就业问题推上了风口。我国人口基数

不断增加,大学生总量也在每年递增,就业总量压力在很长一段时间内都无法得到明显改善。每年有近1/3的大学毕业生处于待业状态,年年如此累加,而我国经济发展已经由高速增长阶段转向高质量发展阶段。经济新常态下经济矛盾突出,社会实际需求劳动力数量增速缓慢,就业人员增长率虽有所下调,但就业人员基数庞大,大学生毕业人数总量居高不下,所以产生了下降的经济增长速率和巨大的就业人群基数之间的矛盾,导致近几年就业率持续走低。2002—2022年本科毕业生人数详见表3-1。

表3-1 2002—2022年本科毕业生人数

年份	本科毕业生人数(万)	年份	本科毕业生人数(万)
2002	65.6	2013	320
2003	93	2014	341.4
2004	119.6	2015	358.4
2005	146.6	2016	374.4
2006	172.7	2017	384.2
2007	199.6	2018	386.8
2008	225.7	2019	394.7
2009	245.5	2020	420.5
2010	259.1	2021	436
2011	279.6	2022	471
2012	303.8		

关于就业率这个概念的界定至今仍存在分歧与争议。根据麦可思研究院以往发布的就业蓝皮书对于就业率的定义,就业率=已就业毕业生人数/需就业毕业生人数,且"已就业毕业生人数"不包括继续升学的人数。而在政府机构现行的就业率计算公式中,"已就业毕业生人数"则包括了继续升学和出国留学的毕业生。《2020年中国大学生就业报告》(就业蓝皮书)发布以后,可以发现在报告中对于就业率的定义有所改变,报告中明确,就业率=已就业本科生人数/本科毕业生总数。其中已就业人群包括"受雇工作""自主创业""入伍""国内外读研"四类,并且在报告中声明自2020年的报告开始就业率统计均包含升学人群,在本年度展示的往届就业率也会重新统计纳入升学人群。在各高校发布的就业质量年度报告中也可以看到,已就业人数中包括了继续升学和出国留学的毕业生。另外需要说明的是,目前在大学毕

业生就业率统计中，一般进行两次统计，即当年毕业生离校时进行一次统计，称为"一次就业率"或"初次就业率"；在当年年底也就是毕业后半年再进行一次统计，称为"总体就业率"或"年终就业率"。一般"年终就业率"高于"初次就业率"。2003年4月4日，教育部直属机构全国高等学校学生信息咨询与就业指导中心首次向社会正式公开了高校毕业生就业率，数据来自教育部直属的75所高校的本、专科毕业生，当时的毕业生人数约为188万，初次就业率为70%。近几年来，我国高校的本科毕业生初次就业率没有公开数据，根据麦可思研究院就业蓝皮书公布的有关数据可知，近几年来我国地方本科院校毕业生毕业半年后就业率下滑严重（见图3-1）。这里所说的地方本科院校是指除"双一流"院校之外的普通本科院校。

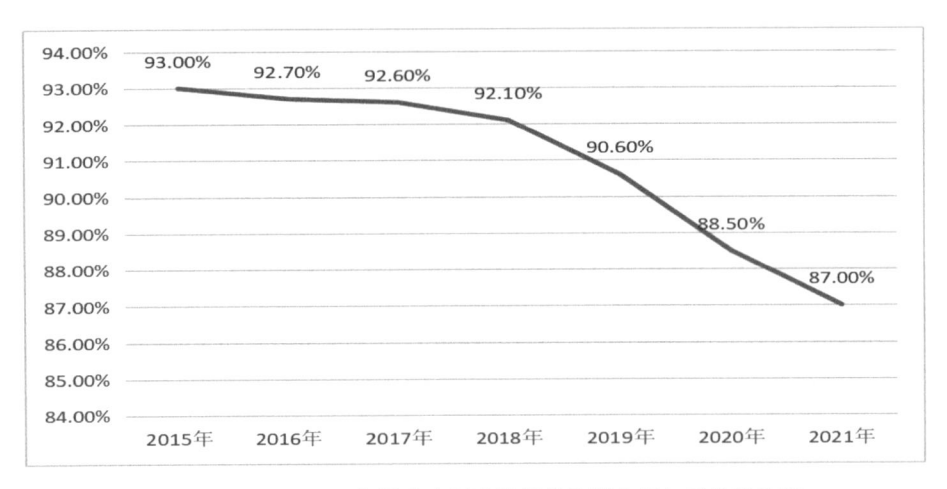

图3-1　2015—2021年地方本科院校毕业生毕业半年后的就业率

由于不同机构和高校在就业率统计口径和方法上有一定差别，得出的结果也有一定差距。因此图3-1中的2015—2021年地方本科院校毕业生毕业半年后的就业率数据仅供参考。一般来说，就业率很大程度上受到当年就业政策和经济形势的影响，由于新冠肺炎疫情的影响，2021及2022年的地方本科院校毕业生的就业率也在一定程度上受到影响。外加国家重视就业，一部分高校为了完成就业任务，将仅与用人单位初步达成意向的毕业生也计算在就业率内，灵活就业增多。毕业生大部分处在非正规就业或不充分就业的状态中，工作岗位难以稳定，随时都有失业的可能。灵活就业毕业生的就业去向大多在民营企业、小微企业，相对于签三方协议就业和合同就业的毕业生来说失业风险大很多。

二、就业市场供需矛盾进一步加剧，毕业生"求职难"与企业"招工难"并存

劳动力市场供求"冷热不均"。在招聘过程中，企业一边担心招不到人，另一边也在拒绝不匹配的求职者；劳动者既担心找不到工作，又在挑选着岗位。这种矛盾的背后，究竟潜藏着哪些问题？毕业生"求职难"与企业"招工难"并存，说明劳动力专业供给结构与劳动力行业需求结构错配问题依然突出。我国经济结构不断优化升级，与此同时，经济增长速度放缓使就业市场结构性供需矛盾更加突出，高校毕业生就业供需不匹配严重影响毕业生顺利就业。经济增长对就业的拉动作用日益呈现下降趋势。在就业领域，也存在就业新常态。近年来，我国大力发展智能制造、大数据、生物医药、新能源等，显著带动理工类人才需求。同时，在金融科技快速发展、金融行业对低端金融人才需求放缓的背景下，部分普本高校仍扩招，增设过多经管类专业。我国经济发展需求收缩、供给冲击、预期转弱三重压力凸显，市场主体困难显著加大，用工需求明显萎缩。国家统计局发布的数据显示，青年失业率的变化逐渐呈现出季节性失业与长期趋势叠加的态势。以往以大学毕业生为主体的青年失业大多具有摩擦性失业的特征，即在毕业季失业率升高，随着时间的推移，劳动力市场上供求信息逐步得到消化，青年失业率就会逐步下行。但目前青年失业率长期上扬的趋势已经形成，意味着短期的摩擦性失业有可能越来越多地转换成长期失业。"稳就业"面临突出挑战。经济发达地区同样受到了严重影响，据拉勾招聘发布的《2022疫情期间上海人才趋势报告》显示，2022年3—4月，上海职位量同比增长率分别为 -25% 和 -56%。就业市场岗位的需求缩减叠加高校毕业生的就业供给创历史新高，致使毕业生群体就业压力进一步加剧。

大学毕业生就业实质是高校人才培养与社会需求匹配的过程。自我国步入工业化时代后，经济结构不断调整，产业结构迅速升级，各用人单位在运转过程中对人才的需求产生了明显的变化。但高校方面尚未根据社会经济的发展需要调整育人规划。通过调查数据了解到，近年来，大学毕业生就业问题除了经济增长放缓和高校毕业生总量增加之外，主要是结构性就业矛盾，是由高校教育与市场需求之间不协调造成的矛盾。目前我国高校专业和课程设置与市场需求脱节，各高校专业趋同现象严重，许多专业供大于求，导致大学毕业生就业难。首先，高校的专业设置必须考虑市场的需求现状、自身师资、培养能力、未来发展趋势等其他各方面的客观条件，以市场为导向的专业设置具有一定的滞后性。从单位性质来看，毕业生就业首选国企、事业单位以及党政机关。从工作区域来看，毕业生更向往东部经济较为发达的地区。从学校类型、专业来看，理工科院校以及理工科专业毕业生整体就业形势相对较好，而艺术院校、民族院校的大学毕业生整体就业形势并不乐观。高校为了各种评估和招生，求大求全，忽略师资和就业环境争先打造综合性院校，抢先设置新专业，调动大量人力、物力一哄而上地投入社会新兴的热门专业，进而导致专业供需失衡。这不仅使高等教育学科设置出现了断层或过热的极端现象，还会令大学毕业生无法适应社会发展需要，进而对社会人才资源合理调配造成严重阻碍。其次，在学生能力培养方面，过于注重理论知识，忽视实际操作技能和创新能力的培养，尤其缺乏对大学生通用能力的培养，造成高校毕业生知识能力结构失衡，综合素质不能满足社会发展对复合型人才的需求，进而导致大学毕业生的就业能力和适应性大打折扣，造成就业结构性矛盾。

三、大学毕业生盲目追求考研逃避就业，"慢就业"现象日益凸显

"慢就业"是与毕业即就业的传统就业观念相悖的一种新形态。在我国，"慢就业"是从2015年《工人日报》上发表的一篇题为《"慢就业"：如此"任

性"为哪般？》的文章开始被人们关注的，之后各大媒体纷纷给出对"慢就业"的看法，学者也对此展开研究。"慢就业"现象主要分为两种类型：主动型"慢就业"和被动型"慢就业"，也有人将其称为积极的"慢就业"和消极的"慢就业"。主动型积极的"慢就业"，是指个体有明确的职业规划，理性地放慢求职节奏，通过一定时间来提高能力、增长见识，最终达成理想的就业状态。而被动型消极的"慢就业"则是个体对社会及自我认知存在偏差，规划尚不明确，暂时无法获得期望的就业岗位，是一种茫然被动的状态。对于主动型"慢就业"，人们的态度是宽容的，但新冠肺炎疫情的暴发，被动型"慢就业"群体有壮大的趋势，容易演变为"懒就业"和"不就业"。笔者通过对"慢就业"大学毕业生群体进行访谈，发现大学生"慢就业"主要有三种情况：第一种是执着于考编、考研，对其他就业岗位不予理睬；第二种是在求职过程中经历多次失败，个体产生了迷茫和畏惧心理；第三种是个体没有明确的目标，对于就业市场不了解，对于自己适合从事何种工作没有概念，没有作好从学校到社会的转变，属于逃避型。想解决"慢就业"群体的就业问题，首先需要找到原因，然后才能找到解决方法。

新冠肺炎疫情带来就业压力的同时，也改变了部分毕业生的就业观念，大学毕业生就业求稳，考研、考公持续升温，大学毕业生不就业和"慢就业"的现象越来越普遍。每年的就业季都会有大批用人单位走进校园开展宣讲会，大部分高校也会举办大型双选会，但参加宣讲会和双选会的学生却不是很多。由于大学毕业生期望的薪资和岗位与实际情况存在一定的差距，很多大学毕业生选择暂时不就业，转而报考研究生考试。2018年7月，中国青年报社会调查中心联合问卷网，对2009名受访者进行的一项调查显示，72.9%的受访者周围有"慢就业"的大学毕业生。安徽某高校对2019届毕业生进行摸底调研，在4000余名毕业生中，超过50%的毕业生计划继续深造，不急于就业。通过调查发现，2021年大部分高校报考研究生的人数占毕业生总数的50%~60%，但是最终能够考上研究生的还不到20%。报考但没有考上的同学错过了就业的最佳时间，最后只能选择"二战"考研或暂缓就业。不就业或者"慢就业"实际上是大学毕业生就业质量不高的衍生现象。据麦可思研究院发布的《2021年中国大学生就业报告》（就业蓝皮书）显示，中国大学生就业的去向一般有企业就业、考研、考公务员、事业单位就业、出国留学、自主创业、自由职业等，研究数据显示，全国本科毕业生在国内读研的比例由2016届的13.4%增至2020届的16.4%，上升了3个百分点。其中，"双一流"院校毕业生在国内读研的比例为32.5%，数据远超地方本科院校的13.2%。并且2020届"双一流"院校毕业生读研比例增长尤为明显，相较于2019届的30%，增加了2.5个百分点[66]。中国教育在线发布的《2021年全国研究生招生调查报告》显示，近年来硕士研究生报考人数屡创新高，2021年达到377万人，五年内报名人数翻了近一番。激烈的竞争也使得应届本科毕业生首次考研失利的情况增加，二次考研群体不断扩大。2021届本科毕业生中，二次考研的人数比例达到了4.9%，相比前两届同期（2019届为3.4%，2020届为4.3%）进一步上升。其中，地方本科院校毕业生首次考研失利的情况更为普遍，2021届二次考研比例达到5%。对此，我们应该进一步加强考研指导工作，帮助学生合理地规划与备考，避免盲目考研人群成为"慢就业"人群。

第四节 经济新常态下大学毕业生就业问题归因

就业不仅是民生之本，也是经济增长之源、社会稳定之基。大学毕业生高质量就业更是承载着千家万户对美好生活的期盼，大学生就业问题已经成为全社会关注的焦点，年年最难就业季，现在似乎没有最难，只有更难。那么大学毕业生就业到底"难"在哪里？是什么原因导致大学毕业生就业如此之"难"？我们从社会、高校、用人单位和大学毕业生四个方面进行梳理：一是经济新常态下我国产业结构矛盾突出，区域经济发展不均衡；二是大学毕业生人数总量居高不下，高校人才培养无法满足市场需求；三是用人单位人为增设招聘障碍，缺乏完善的人才培养和管理体系；四是大学毕业生就业观念和综合能力无法适应新就业形态。

一、我国产业结构矛盾突出，区域经济发展不均衡

我国经济发展已进入高质量、可持续性发展的新常态，增长方式由规模型向质量型转变。与此同时，经济增长速度放缓导致就业市场结构性供需矛盾更加突出，高校毕业生就业供需不匹配严重制约了就业质量的提高。从麦可思研究院发布的2021年就业蓝皮书可以看出，近年来全国高校毕业生就业率稳中略带下降。由于大学毕业生人数还在逐年增加，所以大学毕业生就业的绝对数量在增加，但"就业难"的原因不仅是绝对的供给大于需求，而且是就业结构性矛盾突出导致的一种阶段性社会现象。目前，我国大学毕业生就业市场上，主要的失业类型除了供需不平衡之外，还表现为产业结构性矛盾和区域结构性矛盾。

（一）产业结构性矛盾突出

产业是就业岗位的载体，产业结构的调整与升级直接影响就业岗位的需求与层次。在产业不断升级的过程中，新兴的第三产业能够提供大量就业岗位。三大产业划分是世界上较为常用的产业结构分类，但各国的划分标准不尽一致。根据《国民经济行业分类》（GB/T 4754—2017），我国的三次产业划分如下：第一产业是指农、林、牧、渔业；第二产业是指采矿业，制造业，电力、热力、燃气及水生产和供应业，建筑业；第三产业即服务业，是指除第一产业、第二产业以外的其他行业。通常第三产业在世界主要发达经济体中占GDP的比重较高。根据国家统计局2021年的数据，我国三大产业的比重为7.3∶39.4∶53.3。2021年第三产业占比为53.3%，比2012年增长了将近8个百分点，但相比于发达国家，第三产业占比仍然较低。另外，随着产业经济改革发展、产业结构调整等宏观经济政策的实施，互联网、云平台、大数据等科学技术广泛运用，出现大量岗位空缺，大学毕业生不能适应新兴岗位的就业要求，导致就业落实困难、就业质量不高。国家统计局新闻发言人、国民经济综合统计司司长付凌晖表示，2022年就业结构性矛盾仍然比较突出，高技能人才短缺，大龄低技能人才求职难，企业"招工难"和劳动者

"就业难"并存。另外，2022 年 3 月底，BOSS 直聘研究院发布的《2022 年春季就业市场趋势观察》指出，就业市场在不同行业、地区和人群之间存在复杂的结构性矛盾和动态调整现象，高端制造业在 2022 年的"金三银四"求职黄金期继续面临较为普遍的人才紧缺问题，其中医疗设备 / 器械、新能源、仪器仪表 / 工业自动化、计算机硬件、智能硬件等领域的人才缺口均大于 20%。有统计表明，到 2025 年，中国制造业十大重点领域人才总需求量将接近 6200 万人，人才需求缺口约 3000 万人，缺口率约为 48%。每年就业季，企业都会到高校开展抢人大战，实际上并不是"抢"人，而是"抢"人才。"招工难"也同理，其实是招到合适的人难。

（二）区域结构性矛盾突出

大学毕业生区域就业不平衡的根源在于市场经济固有的趋利性。区域经济的不平衡使得发达地区与中西部地区的人均收入差距较大，等量劳动在不同地区获得的回报存在很大差距。我国区域经济发展不平衡，城市和农村、沿海和内陆、东中西部地区经济发展水平都存在很大差距。经济发达的地区，生活水平、社会保障水平高，大型企业多，能给大学毕业生带来更多的就业岗位、福利待遇和晋升机会，经济欠发达地区在工作岗位提供、薪资水平和生活条件、个人发展机会等方面存在限制。纵观这些年我国各地区的经济发展，不难发现虽然东南西北中地区都在发展，但实际上却主要是在发展东部地区和大城市的经济，这种失衡体现在吸纳大学毕业生就业方面，即绝大多数大学毕业生只能跑到东部、南部地区和中西部的大城市谋职就业，各地的中小城市和经济落后的地区失去了容纳大学毕业生就业的能力。我国中东部经济发展较快，是每年大学毕业生最期望就业的地区，长三角、珠三角等地区城市聚集了大量优秀、高层次的人才。而经济发展比较缓慢的西部地区以及东北老工业基地等，现在正值国家政策大力支持发展的时期，急需大量优秀、专业的人才，却无人问津，原因是东中西地区之间和城乡之间的经济差距进一步扩大，大学毕业生流向与人才需求矛盾突出。麦可思研究院发布的《2022 年中国大学生就业报告》（就业蓝皮书）显示，泛珠三角、泛长三角地区人才吸引力持续较强，泛渤海湾地区人才吸引力则有所下降。从应届本科毕业生就业地分布的具体数据来看，2021届在泛长三角地区就业的大学毕业生占比（25.2%）最高，其次是泛珠三角地区（20.1%）。结合各地区本科院校毕业生占比和毕业去向落实率综合来看，泛珠三角地区人才的吸引力（毕业生占比13.3%、毕业去向落实率91.9%）最大，毕业生流入较多，其次是泛长三角地区（毕业生占比19.6%、毕业去向落实率90.9%）。而泛渤海湾地区（毕业生占比20.5%、毕业去向落实率87.2%、本科毕业生在泛渤海湾地区就业的占比为18.6%）毕业生有所外流。如果全国各地经济快速均衡发展，都具有吸纳新增就业的能力，一年1000多万的高校毕业生就业可能不是问题。但是现在这么多的高校毕业生都由东部、南部地区以及中西部的大城市去消化，自然就成了问题。

二、毕业生人数总量居高不下，高校人才培养无法满足市场需求

20世纪70年代，美国教育社会学家马丁·特罗（Martin Trow）按适龄人口高等教育入学率将高等教育划分为三个发展阶段：英才教育阶段（入学率在15%以内）、大众教育阶段（入学率在15%～50%）、普及教育阶段（入学率在50%以上）。也就是从马丁·特罗提出高等教育大众化理论后，世界各国都开始了高等教育大众化运动。由英才教育到大众教育再到普及教育是高等教育的发展规律，代表了现代高等教育发展的趋势和潮流，也是现代社会进步的标志。我国的高校扩招也是高等教育大众化的必然趋势。自1999年扩招以来，我国高等教育毛入学率从1993年的5%提高到2002年的15%，高等教育迅速实现大众化。我国仅用短短9年时间就完成了美、英、法、日等新兴工业化国家用十几年甚至几十年才完成的高等教育大众化转变，结果就是加大了大学毕业生的就业压力，毕业生总量与我国经济发展之间矛盾显著。自2002年以来，大学毕业生人数每年都在增加，加上往年未成功就业的待就业群体，大学生总体就业形势一年比一年严峻。由于高校扩招速度过快、增幅巨大，大学毕业生供给短时间内爆发，超过社会经济增长水平和速度，大

学毕业生与社会需求之间的关系由之前的"供不应求"转为"供需平衡",直至现在的"供大于求"。社会对人才的需求与大学毕业生供给不平衡将持续存在,预计在未来相当长的时期内,大学毕业生就业压力不会减弱。

在产业协同发展中,经济结构调整必然会带来人才需求的变化。从高校方面来分析,课程内容和教学方法无法充分满足社会岗位的需求。供给与需求脱节也是我国大学毕业生就业难的主要原因,严重影响了大学毕业生就业质量的提高。目前我国大学毕业生就业结构性矛盾主要表现在三个方面:一是供需类型结构性矛盾,二是供需层次结构性矛盾,三是供需专业结构性矛盾。首先,我国高校学术型人才"产能过剩",应用技能型人才供给不足,供求类型错位。从1999年高校扩招至今,大学毕业生数量急剧增加,许多高校仍然沉溺于计划经济的惯性之中,寻求市场和信息的观念不强,并没有根据社会和企业的需求及时调整专业设置和招生人数,导致学校专业设置、教学方式与社会经济发展不匹配,大部分高校追求办学综合性而忽略了办学特色。高校人才培养普遍注重理论知识教学,授课多采用课堂讲授的方式,考试多以试卷形式进行;相当一部分高校理论课居多,生产实习环节不足,对大学生实践能力的培养相对匮乏,导致大学毕业生实际操作能力偏弱。虽然一些院校将培养目标定位为应用性复合型人才,但培养目标达成度太低。其次,是需求层次的结构性矛盾。近年来,各高校为了提升学校的办学层次,认为具有研究生学位授予权才能体现办学水平高,导致研究生扩招,出现了考研热。按照用人单位招聘的筛选原则,研究生比本科生更具有就业竞争力,大量研究生涌向市场,导致原本就紧张的就业市场出现了内部挤压现象。人才培养的学历结构调整过快助长了社会招聘"唯学历论"的风气。再次,高校专业设置同质化严重,专业培养质量不高。高校毕业生是高层次人力资本,相比于普通劳动者专业优势明显,特别是一直以来,第二产业要求从业者具备较高的专业技术。部分高校办学只为追求大而全,专业设置具有较大的盲目性,不注重专业设置与市场的紧密结合,致使一些专业招生数量过多,开设课程雷同,培养质量不高。据《2020年河北省非师范类高校毕业生生源信息白皮书》数据显示,河北省本科院校开设专业中,开设财务管理专业的院校有 32 个，共计毕业生人数为 5183，开设此专业的院校中，2020 年毕业生人数最多的达到了 650。开设会计学专业的院校有 31 个，共计毕业生人数为 8646，开设此专业的院校中，2020 年毕业生人数最多的达到了 1037。这样类似的专业所设置的课程雷同，就业方向基本一致，但就业岗位需求数量有限，加之市场对人才需求的变化快于高校对人才培养的速度，形成人才供需市场配置的时间差，导致一些专业"供过于求"。大学毕业生在就业过程中缺乏竞争力，部分大学毕业生专业知识与社会需求不匹配，进入社会后适应能力不强，找不到与所学专业匹配的岗位，无形中引发了失业与岗位空缺并存的现象。

高校就业指导缺乏针对性也是大学毕业生顺利就业的制约因素。部分高校对毕业生就业工作的重视程度不够，就业指导工作缺乏系统性和科学性，就业指导工作往往在毕业前才进行。目前绝大多数高校设有就业指导中心这一机构，主要负责组织校园招聘会，为企业与学生搭建沟通平台，及时公开发布招聘信息，为毕业生办理签约、派遣等相关工作，在大学毕业生就业环节中所起到的指导作用微乎其微，针对大学生的就业指导工作有待完善和加强。大学毕业生对本校就业指导机构的了解程度也是多寡不一，这说明大学就业指导工作还有很大的完善空间。大多数院校开设了职业生涯规划相关课程，目的是为不同学习阶段的学生进行职业规划指导，但实际课程效果却差强人意。一方面，该课程的设置难以引起学生的重视，对于低年级的学生而言，他们总认为初入校园距离毕业还很遥远，学习积极性不高；对于高年级的学生而言，他们大都选择考研或考公，职业生涯规划课程只是纸上谈兵，形同虚设，很难用心领悟。另一方面，就业指导教师队伍尚不完善，课程教授工作大多由学工部门教师或者辅导员等兼任，缺乏专业性，不能为学生提供有针对性的专业指导。

自 2014 年李克强提出"大众创业、万众创新"以来，高校在创新创业教育方面有所行动，创新创业教育开始走近大学生，创新创业类活动、比赛日益增多，学生创新创业思维不断被激发。但在具体实施的过程中，高校创新创业教育的滞后性凸显。以创新创业类比赛为例，有的高校没有真正领会该类比赛设置的目的，为了参加比赛赢得名次，迫使学生不得不创新，往往会产生适得其反的效果，违背了创新创业教育的初衷。虽然这种现象是局部的、个别的，但也是真实存在的，不利于拓展学生的创新思维。有的高校通过创新创业比赛，的的确确发现了好的创业项目，但学生缺乏专业的指导，也没有相关的孵化基地，项目难以落地，不仅学生前期的努力付诸东流，还打击了学生创新创业的积极性。高校创新创业教育的滞后性破坏了高校创新创业氛围的营造，严重阻碍了大学生创新创业思维的发展。因此，这门课是否真的对于就业有一定的指导意义，是否对大学生的职业生涯规划有帮助，值得我们深思。

三、用人单位人为增设招聘障碍，缺乏完善的人才培养和管理体系

用人单位的聘用制度对大学毕业生就业选择起着导向作用，用人单位的选人、用人标准在一定程度上决定了大学毕业生的努力方向。然而，用人单位聘用制度不尽合理的问题依旧存在，如用人单位盲目追求高学历，存在就业歧视现象，缺乏完善的人才培养体系和管理体系，过度强调工作经验等，阻碍了大学毕业生的就业选择，甚至会影响大学毕业生的就业观念。

一是就业单位存在就业歧视，招聘门槛高。随着大学毕业生人数的增多，用人单位的准入门槛越来越高，提高准入学历成为众多用人单位选拔员工的共同方式，导致大学毕业生就业形势更加严峻。虽然我国产业结构得到一定的优化升级，但我国仍是制造业大国的现状并没有改变，这种劳动密集型产业从理论上讲是不需要高学历层次的大学毕业生的，反而低学历甚至没有学历的人，更加适合这类工作，高学历人才从事此类工作无疑是浪费人才。因此就业市场上出现了一方面大学毕业生找不到合适的工作，另一方面又有很多就业岗位无人问津的尴尬局面。有些用人单位不从实际出发，盲目提高选才标准，追求高学历，造成了人才的浪费。最常见的是用人单位在招聘过程中将毕业生分为三六九等，追求高学历，本来专科生可以做的事情，一定要招聘本科生来做，本科生可以做的事情，要研究生来

做，盲目提高用人标准给大学毕业生就业带来难度，尤其是相对优质的单位对"985""211""双一流"大学的过度强调，导致很多普通高校毕业生很难进入所谓的"贵族圈"。现阶段我国明确在大学毕业生就业过程中实行"双向选择"模式，但就业歧视现象仍随处可见。有些单位存在地域歧视，在招聘简章中明确规定要有本市户口，还有的企业在招聘时标注"本地户口者优先"，单位表示这是考虑大学毕业生入职以后的稳定性。但从实际来看，这种限制不利于大学毕业生就业公平竞争，从长远来看，会造成人才的流失，必将阻碍经济的发展。有些单位存在性别歧视，在招聘时，将女大学生无故排挤在外，同等条件下优先录用男应聘者，虽然有些工作确实男性更加适合，但明确提出条件以后剥夺了高校女性毕业生在就业选择中的公平性。

二是用人单位缺乏完善的人才培养体系和稳定的管理体系。对于大学毕业生而言，良好的升职加薪体系、完善的人才培养机制以及和谐的工作环境是择业选择至关重要的考量因素。但是现在很多用人单位缺乏人才培养机制，说空话、管理体系混乱、企业文化不明确、校招缺乏热情，种种表现打消了大学毕业生的就业想法。另外被"招工难"困扰的主要是民营企业。这类用人单位，尤其是中小微企业还处在发展初期，规模较小，产品附加值相对较低，福利待遇对大学毕业生的吸引力不强，然而招聘门槛却不低，这与大学毕业生日益上涨的薪资福利待遇期望矛盾。受新冠肺炎疫情的影响，不少企业利润下降，企业纷纷实行"缩员减负"，所能提供的薪资福利与求职者需求之间存在一定差距，就业不确定因素大增，后期学历与薪资失衡将是常态。部分企业为了用最小的成本创造最大的价值，经常剥削员工福利，侵犯员工的合法休息权，这对高校毕业生充分高质量就业产生了负面的影响。

三是设置经验障碍，就业责任意识不够。很多用人单位，特别是企业动辄要求求职者有2~3年的工作经验，许多应届毕业生往往因缺少实际工作经验而难以落实工作。越来越多的企业在招聘时会提到有工作经验者优先，可见用人单位十分看重应聘者的工作经验，这对应届毕业生求职而言无疑是雪上加霜。用人单位看重工作经验是为了企业更好更快地发展，省去不必要的基础培训环节，以便提高工作效率，希望进一个人马上就能发挥作用、创造价值。许多用人单位认为应届毕业生只有书本上面的理论知识,动手能力差,所以不太愿意接收应届毕业生,不想把时间花在培训上。但是刚毕业的大学生犹如一张白纸,虽然缺乏工作经验但更具有可塑性,他们潜力无限,创造性更强,更容易适应新的工作环境,能够更好地将自己融入工作中,为单位注入活力。用人单位过度强调工作经验,这对于刚毕业的大学生而言有失公平,这样的用人单位应及时转变思路,多给刚刚毕业的大学生一些机会,多提供一些岗位,不应该以没有工作经验为由拒绝他们的就业申请。

四、大学毕业生就业观念和综合能力无法适应新的就业形态

首先,大学毕业生的职业价值取向和就业观念是造成大学毕业生就业难的重要原因。现在一些大学毕业生就业时多抱有"一步到位"的想法,在初次就业择业时,要求就业地点、工作内容、薪酬待遇、工作环境等均达到理想水平,甚至把就业目标锁定在一次性考入具有高稳定性的编制内单位。在"一步到位"的执念下,有的大学毕业生有业不就,宁愿失业也不愿意到偏远地区或与自己所学专业不符的单位工作;有的大学生毕业后并不着急找工作,而是先回家或在学校附近租房,仅从事兼职或靠父母接济,花1~2年甚至更长时间专心复习备考;甚至有的大学毕业生长期找不到理想的工作而备受打击,索性回家"啃老",不愿意再提就业的事。大学生作为公认的精英阶层,传统的儒家思想编制起来的"精英情结"深深地束缚了他们的观念。北京市经济社会发展研究院当代大学生就业状态研究课题组在《中国教育报》上公布了他们的调查结果,在大学生目前的择业观念方面,在单位的选择上,选择科研结构、党政群体、中外企业的学生占总人数的63%,而选择乡镇企业、大中学校、集体企业的只占7%;在地区的选择上,选择大城市的占20.8%,而选择小城镇、农村、老少边穷地区的仅占5%。大学毕业生的就业期望与社会实际需求之间存在巨大反差,是就业困难的一个重要原因。有些大学毕业生对专业知识掌握不牢,又缺乏实践经验和实际操作能力,但却好高骛远,缺乏对社会的合理认识,没有找准自己的定位,就业观念偏离就业

现实，很少考虑自己的期望是否脱离现实，是否有利于自己的发展，不是从自己的专业知识和兴趣、爱好、能力、性格出发，而是无的放矢、随波逐流、盲目乐观，严重脱离客观实际，所以不可能找到适合自己的职位和工作。相反，清华大学硕士毕业卖保险、中国传媒大学硕士当房产中介的报道引起了社会的关注，同时引发了舆论对名牌大学毕业生职业选择及其背后所反映的职业价值观的讨论。

其次，职业生涯模糊，缺乏求职技巧。很多大学毕业生对职业生涯规划意识还很淡薄。他们往往对于自己的职业理想、职业选择、事业发展目标、职业生涯发展方向及路径，在人才市场和职业领域的价值和地位等，没有一个比较全面、客观、合理的定位，很难确定自己在职业生涯发展的相应位置。因此大学毕业生一定要先弄清自己的优势与特长、劣势及不足，知道自己最适合做什么，从而提高竞争优势。只有准确地评估自己掌握的专业知识和技能，了解自己的个性特征，才能够更好地实现个性与职业之间的匹配。很多大学生在大学一、二年级，觉得就业与自己相隔甚远，不重视职业规划，即使学校开设了与大学生职业规划相关的课程，他们也不以为意；升入大三、大四年级，当学业和就业的压力同时袭来，他们才会不知所措。据某高校调查显示，71.4%的毕业生的职业生涯规划在大三、大四年级开始。目前大学毕业生就业具有盲目性，自身准备和职业规划不足，加之对职场认识的模糊，导致他们丧失了部分就业机会。经常有用人单位表示，在招聘面试环节，部分大学毕业生表现得不够自信，过分紧张、胆怯，回答问题时支支吾吾，不能充分展示自己。大学毕业生在求职时的表现，很大程度上决定了用人单位对他的评价。求职过程中的不自信、过分紧张都会给面试官留下一个不好的印象，从而错过了许多工作机会。而良好的求职技巧，能让大学毕业生在求职过程中如鱼得水。更有一些大学毕业生在面试时弄虚作假，企图欺骗蒙混过关，谁知很快就被有经验的用人单位拆穿，久而久之，用人单位也会觉得大学毕业生不诚信而对其丧失信心。同样，有部分大学毕业生也表示，缺乏求职技巧是他们普遍存在的问题。比如不能很好地把握与HR交流的节奏、对方的诉求等，以及缺乏有关薪资福利等方面的谈判技巧。学校在这些方面的培训可以说是空白的，大学毕业生很容易在这个过程中犯一些错误，导致个人意愿表达不充分、结果不理想等。

最后，大学毕业生自身综合素质不高，适应社会的能力差，缺乏核心竞争力，不符合用人单位的要求。21世纪最注重知识和人才，社会需要的是能够适应知识经济时代发展的高素质人才，求职者不仅要有扎实的专业基础知识、合理的知识结构，还要有良好的道德、健全的人格、健康的心理、创新的精神等。但实际上，毕业生的能力素质与用人单位的需求也存在较大差距，用人单位在招聘时要求毕业生具有人际交往能力、沟通协调能力、获取知识的能力、表达能力、动手能力、组织管理能力、知识的开拓与扩展能力、创新能力、应聘技巧、团队协作精神、解决问题的能力以及环境适应能力等。对于不具备一技之长、缺乏足够的就业实力、心理素质差、知识面窄、缺乏创新意识和敬业精神的大学毕业生而言，就业非常困难。一部分大学毕业生在大学里虚度时光，上学期间旷课、上网、玩游戏，没有掌握必备的知识和技能，对很多知识都是只知表面，没有深入了解其中的细节，这样很难达到企业的要求。还有一部分大学毕业生在学校里死读书，不注重对自己综合实力的培养和提升，只满足于所学课程，缺乏知识的积累和解决实际问题的能力。这部分毕业生多次求职失败以后，表现出"等、靠"的依赖心理，不主动去了解和适应就业市场，不积极主动地收集与求职有关的各类信息，不敢主动地向用人单位展示自己，选择就业目标和方向时缺乏主见，此类大学毕业生在就业竞争中处于被动地位。在能力与岗位不匹配的情况下，大学毕业生通常向两个方向发展：要么不断自降身价以获得就业机会，要么选择"慢就业"甚至不就业。缺乏核心竞争力的大学毕业生对于企业和用人单位来说不是不可替代的，既是可替代的，就很容易被就业市场淘汰。

第四章　经济新常态对大学毕业生就业质量的影响

经济新常态是社会经济发展到具体阶段的必然产物，目前我们站在全面深化改革的转折点，纵观我国每一个发展历程，在转折点都是机遇与挑战并存的。本章主要分析经济新常态下经济发展降速、产业结构调整、创新驱动对大学毕业生就业质量的影响。经济发展从高速转向中高速，带来的负面影响是就业市场对劳动者的需求总量减少，随之能够供给大学毕业生的就业岗位总量也在减少，但是一些战略性新兴行业会提供一些新的岗位，这些岗位工作需要由具备高技能的劳动者来从事，对于大学毕业生来说便是就业机会，产生的影响是积极的。随着产业结构的调整、数字经济高速发展，出现了许多新职业和新的就业形态，这些新就业形态的蓬勃发展为女性就业带来了更多机会。依托互联网发展的平台经济为年轻人提供了大量灵活的就业机会，满足了现在大学毕业生兼顾生活和工作平衡的需要，但是需要持续关注灵活就业的就业质量。创新驱动逐渐成为经济发展的主要驱动要素，国家推行了一系列扶持大学毕业生就业创业的利好政策，为大学毕业生就业、创业提供了广阔舞台。同时，依托互联网经济发展的朝阳产业，薪资优势明显。

第一节 经济发展降速对大学毕业生就业质量的影响

经济新常态下,随着经济增长放缓、产业转型升级,各个行业的规模及市场扩张速度逐渐放缓,大部分企业调整招聘方向和压缩招聘规模,朝着技术型、智能化方向发展。在此背景下,许多行业吸纳大学毕业生的能力也逐渐降低,不再大规模地组织招聘,特别是传统的劳动密集型企业,开始采用智能设备代替传统的劳动力工作,用人需求有了明显的下滑。例如钢铁、纺织、食品等行业引入了先进的智能设备,实现了机械化生产,对劳动力的依赖程度明显降低,因此用人需求逐渐放缓。在企业转型升级后,用人标准和招聘要求较过去也有了明显提升,这在很大程度上加大了大学毕业生的就业难度,尤其是应届毕业生,更是面临极大的就业压力。同时就业岗位的市场需求变化也影响大学毕业生就业机会的获取,给大学毕业生就业带来了挑战和机遇。经济新常态呈现出高度智能化和专业化的生产组织特征,这种经济形态下,产业和行业发展未来将更多地依靠技术和设备,而非单纯的人力,这将加大就业市场对高技能人才的需求,同时给大学毕业生提供更多的就业机会。

一、经济发展放缓,大学毕业生就业岗位总量减少

人均 GDP 是一个国家经济综合实力、社会发展水平和人民生活水准的综合指标,该指标不仅考虑到了经济总量,而且还结合了人口因素,在国际上被广泛用来评价和比较一个国家或地区的经济发展水平。我国自改革开放以来,人均 GDP 一直保持快速稳定增长,同时经济增长给劳动者带来了更多的就业机会和更高的薪资水平,因此也必然会对就业质量产生影响。改革开放 40 多年来,我国 GDP 年均增长 9.8%,但从 2012 年起开始回落,2012 年、2013 年、2014 年上半年,增速分别为 7.7%、7.7%、7.4%。经济增速"换挡"回落,从过去 10% 左右的高速增长转为 7%～8% 的中高速增长,是新常态的最基本特征。美国著名的经济学家阿瑟·奥肯(Arthur M. Okun)于 1962

年提出"奥肯定律",论证了失业率与国民生产总值增长率呈反方向变化,即国民经济高增长率则失业率降低,低增长率则会提高失业率。这一定律揭示了就业与经济增长之间的关系,并在发达国家得到了印证。我国经济增长和就业增长不同步,提供的社会就业岗位少,人力资源相对过剩,尤其是适合大学毕业生的岗位更少,大学毕业生就业竞争激烈,就业压力较大。

经济的高速增长有利于创造更多的就业岗位,提供更多的就业机会。在以前传统经济模式下,我国是通过不断提高经济增速而创造更多的就业机会的,而在经济新常态下,经济增长速度放缓,各行业的规模扩大以及市场扩增放缓。减量提质、提高工作效率、增加效益的发展宗旨使得招聘数量趋于稳定,用人需求的增长趋势也相应减退了。时任人力资源和社会保障部副部长信长星指出,经济新常态下,经济增速放缓与就业数量由无限供给向有限供给转变,即就业数量开始不再单一地追求劳动力数量的提升,经济的增长速度放缓,使得各行业的劳动力结构趋于稳定。2015年上半年,国有企业职位招聘数量下降了19%。2016年,我国用人需求增势放缓,其中东南沿海地区的用人需求增长趋势下降明显。2017年,北京、上海、广州用人需求下降明显,下降了7%。2018年第一季度,我国一线城市的用人需求首次出现负增长。2019年,国务院发展研究中心、中国发展研究基金会、智联招聘三方合作进行了一项关于大学生就业问题的课题研究,公布了2019年7月—2020年6月的应届毕业生招聘岗位和求职人数变化情况。数据显示,排除2020年年初由于新冠肺炎疫情的影响加大了2020年3月—6月供给的悬殊差距,我国高校毕业生实际供给的增长数量远远高于市场可提供的就业岗位数量。2022年4月,中国人民大学中国就业研究所与智联招聘联合发布的《高校毕业生就业市场景气报告》显示,2022年第一季度,高校毕业生就业市场景气指数(CIER指数)为0.71,降至新冠肺炎疫情暴发以来的最低点,也就是说,青年劳动者在市场上整体供大于求或工作岗位供不应求。北京大学国家发展研究院教授卢锋认为,以高校毕业生为主体的新求职群体失业率高位波动,既体现了短期宏观经济下行压力和季节因素的共同影响,也折射出青年就业面临超出短期的匹配困难和深度摩擦。景气指数(CIER指数)是指将劳动力市场上的求职者人数作为分母，将市场招聘需求人数作为分子，由此得到的比值。其反映的是就业景气状态，也就是劳动力市场的求人倍率（有效需求人数与有效求职人数之比）。换言之，CIER 指数反映的就是对于一个求职者来说，市场上有多少个工作机会可以提供给他。CIER 指数对于了解劳动力市场的就业形势具有较高的参考价值。2018 年以后，我国 CIER 指数整体在波动中有所回落，2021 年下半年开始，尤其是青年求人倍率出现了较大幅度下降。

二、就业岗位的市场需求变化影响大学毕业生获取就业机会

随着我国经济增速放缓，经济增长尤其是新冠肺炎疫情对全国经济影响较大，一些中小企业举步维艰，用人需求大幅度缩减，大批雇员面临失业。在供给侧结构性改革中，一些老工业企业面临去产能、去库存、转型升级等压力，一定程度上缩减了就业容量，特别是传统的劳动密集型企业的用人需求下降明显。钢铁生产加工、土木建筑、食品以及服装生产等需要使用大量技术工人的行业，为了提高社会生产效率、降低交易成本，改变了传统的生产方式，开始采用智能工作模式代替传统的劳动力工作模式，引入机器设备，设立机械化流水线，所需要的用人总量明显下降。但经济发展和产业结构改革催生出大量新产业、新经济，由此增加了大批新岗位。在新经济发展模式下，大部分行业开始不再大规模扩招，不再大规模地引进待业群体，而是提高对高素质和高能量人才的吸纳比例，即提高了用人标准和招聘要求。在这种情况下，实际上在带给大学毕业生就业挑战的同时也给其就业提供了新的机遇。从发达国家的历史发展来看，这是经济发展的必经之路。近年来，自动化和智能化生产使美国和欧洲多个国家出现了不同程度的就业两极化现象，即高技能和低技能工人的就业岗位和薪资逐渐增加，而中等技能工人的就业岗位和薪资逐渐减少。现在我国的就业市场同样受到了人工智能和互联网产业的冲击，随着经济发展的深化，那些对学历要求较低、收入相对较少的职业遭受到的冲击会越来越严重。

值得庆幸的是，首先，智能化倾向于替代中、低技能就业岗位，同时创

造出更多的知识和技术密集型岗位，这将增加就业市场对高技能人才的需求，促进劳动力就业技能结构性调整，同时促进就业质量的提升。纵观发达国家的发展历程，早期也出现过低质量就业的问题，以美国为例，从早期的重化工业到后来的电气工业，再到电子工业、信息产业和高端服务业；类似地，战后日本和韩国的产业结构从以纺织业为重心到以汽车工业为重心再到以电子工业为重心，产业升级与就业质量提高几乎是同步进行的。其次，随着我国产业重心逐步由第二产业向第三产业转移，将带动整个就业市场。新企业、新岗位将不断涌现，必将给大学毕业生提供更多的就业机会。再次，节能环保、新能源汽车、高端装备制造业和新材料等新兴行业正在快速发展，这些新兴行业发展迅猛，与传统行业形成了鲜明的对比。大学毕业生是一个对于新事物充满激情与好奇心的群体，更容易掌握国家的乃至世界的前沿信息，对于新兴行业及相关领域的了解更加全面，也有更多创业和就业的选择。同时在就业岗位新旧更替的过程中，也优化了就业环境，从而提高了劳动者的就业质量。因此，战略性新兴产业的发展有助于缓解当前的就业矛盾，对实现更高质量和更充分的就业有重要意义。

第二节 产业结构调整对大学毕业生就业质量的影响

产业结构的发展和演进是经济发展进程中必然出现的经济现象。经济发展的过程，不仅体现为经济总量的增长，而且体现为经济结构的演变。产业结构是随着经济的发展而不断演变的，这种演变主要表现为产业结构由低级向高级演进的高度化和产业结构横向演变的合理化。新中国产业结构演变具有产业结构转型和工业结构升级的双重属性，呈现出明显的阶段性特征。新中国成立初期，我国产业以农业、手工业为主，工业化发展严重滞后。1949—1978年，以单一公有制和计划经济体制为基础，实施优先快速发展重工业战略，工农业总产值平均年增长8.2%，第一、二、三产业占国民经济的比重由68：13：19调整为28：48：24，工业超过农业成为国民经济的主导产业。不过，重工业优先发展战略也导致了产业结构明显偏"重"。1979—2000年，以轻工业为主的产业结构"纠偏"，第一、二、三产业占国民经济的比重由28∶48∶24调整到14.7∶45.5∶39.8，由"二一三"型结构变为"二三一"型结构。2001—2012年，重化工业重回主导地位，其中2001—2010年，我国重工业占工业总产值的比重由51.3%提高到71.4%，10年间提高了20多个百分点。在占比持续提高的同时，重化工业内部结构也得到优化升级，表现为以原材料工业、电子信息制造业、汽车工业为代表的装备制造业发展明显加快。2003—2009年，原材料工业产值占工业总产值的比重由25.2%提高到31.2%，机械设备制造业比重由14.6%提高到14.8%。我国2010年制造业增加值占比位居世界第一。2013年以来，经济新常态下，产业结构调整是转变经济发展方式的客观要求。以供给侧结构性改革为主线，加快推动新旧动能转换，着力构建现代化经济体系，促进经济高质量发展。在新发展理念的指导和供给侧结构性改革的作用下，我国产业结构升级取得明显进展，创新驱动、服务引领、制造升级的产业结构正在形成。从三大产业结构来看，第三产业成为领跑者，比重在2013年首次超过第二产业成为国民经济最大的产业，2015年占比超过50%。2013—2021年我国三大产业结构比值由10∶43.9∶46.1调整为7.3∶39.4∶53.3，呈持续优化升级态势。产业结构的调整必然带来就业结构的变化，对大学毕业生就业质量产生一定的影响。

一、新就业形态为女性提供更多就业机会，促进就业公平

性别歧视是就业歧视的表现形式之一，既侵犯了女性的劳动权利，而且对我国经济社会的持续稳定发展造成了阻碍。《1958年消除就业和职业歧视公约》首先提出："基于种族、肤色、性别、宗教、政治见解、民族血统或社会出身的任何区别、排斥或优惠，其效果会取消或损害就业或职业机会均等或待遇平等。"在我国法律中，《就业促进法》《妇女权益保障法》均明确提出，用人单位不得以性别为由拒绝录用妇女或者提高对妇女的录用标准。但在实际的就业市场中，由于种种原因，隐形性别歧视普遍存在。目前，造成

女性就业困难的主要原因是女性的生理特征。许多企业基于利益分析的考虑，在录用时更偏好男性，妇女处于劳动市场的不利位置。在一些单位的招录中，依然存在"限男性""适合男性"等性别限制，甚至还有妇女因生育二孩、三孩被单位辞退或被迫辞职的现象。就业中的性别歧视显然会给女大学毕业生带来不小的压力和负面影响，还可能会使部分女大学毕业生产生"学得好不如嫁得好"的观念。更严重的是，这种性别歧视破坏了社会的公平原则，使全社会的人才流动不畅通，劳动力资源配置失衡，造成人力资源的浪费。近年来，新就业形态的蓬勃发展为女性就业带来了更多机会，提升了女性面临家庭和事业两难选择时的灵活性。特别是随着信息通信技术的快速发展，工作形态发生了明显变化，体现在以下四个方面。

第一，远程工作逐渐成为一种重要的工作形式。远程工作弱化了空间属性，降低了对劳动力的体力要求，从业地点灵活性上升，使一般不宜远离居住地的女性劳动力得以参与生产，甚至可以获得远程乃至全球性的工作机会，实现居家办公、弹性办公。新冠肺炎疫情暴发后，数字技术支撑下的灵活就业表现尤为凸显。一方面，居家办公能够最大限度地减少人员聚集，有利于减少疫情传播风险；另一方面，临时性工作、小时工作等灵活多样的就业形式有利于解决劳动者生计，缓解摩擦性失业。基于2020年从业人员追踪调查数据的一项研究发现，在我国城镇劳动力市场，相比于男性从业者，女性从业者的工作远程可能性明显占优，有一半女性从事的工作具有更高的远程可能性，而男性的这一比重只有28%。这说明，女性从业者就业的灵活性更大，在新经济业态中显现出主导地位。

第二，产业结构改革和行业转型调整产生了一些新的职业类型，对女性劳动者非常友好。2022年4月，人力资源和社会保障部、市场监管总局、统计局正式向社会发布了数字化管理师、人工智能工程技术人员、物联网工程技术人员、大数据工程技术人员、云计算工程技术人员、建筑信息模型技术员、物联网安装调试员等13个新职业信息。这些职业不用投入体力劳动，工作灵活性更强，与传统行业相比更适合女性劳动者，女性就业优势明显增加。新职业在数字平台上涌现，为女性就业打开了新窗口。在多元化的数字应用场景中，女性就业创业迎来更多的选择与机会。

第三，提升劳动收入，有利于缩小性别间工资差距，促进女性经济独立。提升女性劳动收入是社会各界广泛关注的问题。随着我国教育发展水平的提高和促进教育公平工作的不断推进，女性劳动者和男性劳动者在受教育水平方面的差异越来越小。企业通过引进机器人等自动化设备，加大了对脑力劳动和机器分析等认知技能的需求，提高了认知技能溢价。因此，女性也能收获更多的认知技能红利，性别工资差距逐渐缩小。一方面，在经济新常态下，"互联网+"驱动下的数字经济可以拓宽女性获得就业信息的途径，降低搜寻工作的成本，使拥有一技之长的女性劳动者在网络平台上能够快速找到合适的岗位，从而提高薪资水平；另一方面，与传统就业方式的单一不同，数字经济时代产生的新就业形态创造了大量灵活就业、居家就业的机会，劳动者可以兼职多份工作，获取更多劳动报酬。

第四，灵活就业模式能有效缓解女性的就业压力，稳定就业市场。目前，女性用于家务劳动的平均时间约是男性的2.5倍，女职工在照顾子女、辅导孩子学习、日常打扫做饭等各项家庭无偿劳动方面的时长均明显长于男职工。通过数字劳动平台，女性能够突破空间限制、时间制约，数字经济在给女性减轻家庭负担、带来平等发展机会等方面发挥了巨大作用。通过互联网、物联网联动，家政服务业平台蓬勃发展，促进家务劳动由"家庭"走向"市场"。在此过程中，一方面，女性家务劳动负担减轻，家庭生活质量得到显著提高；另一方面，包括女性在内的资源各得其所、充分配置，全要素生产率得到大幅度提升。由此看来，产业结构改革之下，新的就业形态和新的就业方式为女性提供了更多的就业机会，有利于减少就业性别歧视，促进就业公平。

二、多元化就业形式下，灵活就业社会保障制度不完善，就业质量需得到关注

灵活就业是我国为了与国际劳工组织提出的非正规就业接轨而提出的一个概念。人力资源和社会保障部在《灵活多样就业形式研究》中阐释："所谓

灵活就业，就是在劳动时间、收入报酬、工作场地、劳动关系等几个方面区别于建立在工业化和现代工厂制度基础上的、传统的主流就业方式的多种就业形式的总称。"当然，随着经济和社会的发展，灵活就业的内涵也在不断丰富，包括传统灵活就业和新业态灵活就业。传统灵活就业，就是用《劳动法》来规范的以兼职、小时工、零工为主的就业形式。新业态的灵活就业，是指通过借助互联网平台，提高传统灵活就业的调配效率和精确度，更多的是通过平台提供更丰富的就业岗位，实现就业。推动实现更加充分更高质量的就业，是我国经济社会发展的一项重要目标。近年来，随着新经济模式下产业结构的转型升级和技术的不断进步，我国的灵活就业从业人员数量迅速增长。据悉，目前灵活就业人员的总量已经达到2亿，占全部就业人员的近30%。因此，采取多种措施大力提高灵活就业人员的就业质量，不仅有助于保障灵活就业人员基本权益和实现体面就业，也有助于更充分更高质量就业目标的顺利实现。灵活就业作为一种就业形态已经存在多年。随着互联网技术的发展以及大数据、人工智能等先进技术的大规模应用，灵活就业得到了快速发展，形态也更加多元化。值得注意的是，灵活的工作方式外加相对自由的时间支配，吸引了越来越多的大学毕业生加入。根据全国高等学校学生信息咨询与就业指导中心数据统计，2020年和2021年全国高校毕业生的灵活就业率均超过16%。灵活就业之所以吸引了越来越多的毕业生加入，除了工作方式比较吸引人之外，相对较高的收入也是原因之一。市场调查机构艾瑞咨询发布的《2022年中国灵活用工行业市场调研分析报告》显示，我国43.8%的灵活就业劳动者的月收入在5000元以内，56.2%的劳动者收入超过5000元，其中有10.4%的劳动者收入超过10000元。不过，在灵活就业规模不断扩大、领域不断拓展、业态不断丰富的同时，灵活就业从业人员就业不稳定、失业风险大、就业质量不高的问题也日益凸显，并已成为影响劳动者体面就业和建立和谐劳动关系的一个障碍。

就业质量是衡量劳动者就业状况的一个综合性指标，具体包括工资报酬、工作时间、工作环境、社会保障、职业发展等多个方面。灵活就业人员就业质量不高主要表现在以下几个方面：一是岗位与收入不稳定。灵活就业从业人员的工资报酬虽然较传统部门略高，但与固定工作相比，岗位与收入存在着较大的不稳定性。特别是面临不确定性因素的冲击时，这种特征表现得尤为明显。事实上，灵活就业人群是职业流动性最大的群体之一，进入与退出频繁，收入波动的幅度大，抵抗风险能力较弱。新冠肺炎疫情暴发后，灵活就业人群受影响较大。二是部分从业人员就业质量和劳动权益保障亟待改善。灵活就业者工作时间普遍较长，劳动强度较大，薪资收入差距大。由于工作和收入不稳定，缺乏对长期职业生涯的理性安排，参加社会保障的意愿和能力不足。当前社会保险体系主要是参照正规就业设计，灵活就业人员只能以个人身份参加社保，养老保险个人需承担更高的缴费比例。灵活就业从业者失业很难认定，工伤保险面临缴费主体、费用分担机制、取证认定等难题。短期来看，个人可能面临经济下行和职业自身带来的风险；长期来看，保障机制不健全也会增加整个社会的运行风险。由于缺乏明确的劳动关系规范和组织保障，劳动者工作时间、报酬、社会保障等面临挑战。三是公共政策和服务存在短板，多元主体协同治理机制有待完善。由于灵活就业概念和范围并没有形成统一规范的认定标准，对应的统计指标体系尚不健全，统计监测手段也不完善，加之从业人员流动性强、就业形势复杂，现有政策和服务存在针对性不强、责任不清、力度不够、可及性低等不足，服务和政策落实存在困难。随着灵活就业向不同领域扩展以及平台型就业涉及的行业越来越多，政府各部门之间亟须完善协同治理机制，增强政策协调性。2020年《国务院办公厅关于支持多渠道灵活就业的意见》明确提出，要拓宽灵活就业发展渠道，加大对灵活就业的保障支持力度。2021年12月初的中央经济工作会议提出了要健全灵活就业劳动用工和社会保障政策，这是中央经济工作会议首次提到灵活就业的相关事宜，一方面充分说明了灵活就业在经济、社会、民生保障领域中发挥出来的重要作用，另一方面也凸显了国家对推动灵活就业整体发展、拓宽灵活就业渠道、保障灵活就业群体权益等方面的工作的重视。但从意见的提出到政策细则的制定再到实施，还是个任重道远的过程。

第三节 创新驱动对大学毕业生就业质量的影响

创新驱动，是指那些从个人的创造力、技能和天分中获取发展动力的企业，以及那些通过对知识产权的开发可创造潜在财富和就业机会的活动。也就是说，经济增长主要依靠科学技术的创新，用技术变革提高生产要素的产出率。经济新常态下，我国的经济增长速度和经济增长模式正在发生巨大变化，实施创新驱动发展战略，将科教优势真正转化为竞争优势就成为必然选择。2016年5月，中共中央、国务院印发《国家创新驱动发展战略纲要》，自2016年5月起实施。党的十九届五中全会强调，坚持创新在我国现代化建设全局中的核心地位，把科技自立自强作为国家发展的战略支撑，把创新作专章部署并置于各项任务之首，充分彰显了以习近平同志为核心的党中央对创新工作的高度重视。创新驱动经济快速发展，就业现状也发生了变化。

一、创新驱动为大学毕业生就业、创业提供广阔舞台

随着我国社会经济的高速发展，人们物质生活改善的同时，生活成本和就业成本也在不断提升，这也使得当代大学毕业生面临着严峻的就业压力。为此，我国政府提出了创新驱动发展战略，并密集出台了一系列扶植大学毕业生就业创业的政策，拓宽了大学毕业生就业创业的渠道，让更多的大学毕业生通过就业创业实现自我价值。近年来，我国大众创业、万众创新热潮不断兴起，呈现出聚焦生产领域、技术要素深度融合、成果转化更为活跃、与产业升级结合紧密、创新创业生态更加完善等趋势特征。2016年以来，我国已启动了三个批次的大众创业、万众创新（简称"双创"）示范基地，前两个批次分别发布于2016年和2017年，包括区域基地62个、高校和科研院所基地30个、企业基地28个；第三个批次发布于2020年12月，强调差异化功能定位，包括创业就业基地25个、融通创新基地27个、精益创业基地32个、全球化创业基地8个。这些示范基地涵盖区域、高校和科研院所、企业等不同类型，是各地区最具活力的创新主体和新动能策源地。据统计，"双创"示范基地年

均新培育高新技术企业超过 1 万家，一大批优秀初创企业快速成长。其中创业就业"双创"基地侧重于社会服务领域"双创"，为大学生、返乡农民工、退役军人、下岗失业人员等重点人群搭建创新创业平台，提供场地供给、人员培训、项目孵化、政策咨询、融资服务等便利，突出创业带动就业的功能，每年吸纳或带动一定规模的重点人群就业，新孵化一批初创企业。

近年来，新领域、新业态为大学毕业生创新创业提供了广阔舞台。在择业就业时，一些大学毕业生主动转变观念，走上创业道路。为支持大学毕业生创新创业，各方也提供了诸多支持：政府放宽注册条件，发放创业补贴；学校开设指导课程，提供专业指导，打开了大学毕业生就业创业的新天地。在新的产业结构之下，创新科技市场进一步发展，新兴产业正在加速培育之中。同时各个行业积极进行科技创新，进一步提高了行业发展的技术含量和创新程度。深入实施创新驱动和"互联网+"等发展战略，发展高端装备、电子信息、生物医药等新兴产业，通过产业结构优化升级催生新技术、新动能、新活力。在此基础上衍生出现的岗位大多需要具备较高水平的专业和技术操作能力以及创新能动思维。大学毕业生作为社会高素质人才预备队伍，较之其他就业群体实际上更具有就业竞争力。在创新驱动力的影响下产生的新的中高端水平的就业岗位，更适合大学毕业生就业选择，其就业结构在很大程度上与大学毕业生的就业能力相契合，拉开了大学毕业生就业群体与其他社会就业群体之间的竞争差距，大学毕业生的就业竞争优势凸显出来。相信在国家政策和创新的驱动下，在创新支持创业、创业带动就业的良性互动中，那些有梦想、有意愿、有能力的大学毕业生将实现更高质量的创业就业，从而进一步打开大学毕业生的就业选择空间，为其提供广阔舞台。

二、依托互联网经济发展的朝阳产业薪资优势明显

经济新常态下，数字经济、工业互联网、新能源等领域快速发展，与这些领域相关的工科专业薪资优势明显。据麦可思研究院发布的《2022 年中国大学生就业报告》（就业蓝皮书）数据表明，从 2021 届各学科门类大学毕业

生毕业半年后的月收入来看,工学月收入连续三年持续最高,2021届为6323元;经济学和管理学月收入(2021届分别为5841元和5744元)分别位列第二、三位;历史学、教育学月收入(2021届分别为4848元和4935元)相对偏低。随着数字经济的快速发展以及制造业数字化、智能化升级的深入,就业市场对相关专业人才需求旺盛,大学毕业生起薪薪资优势明显。2021届计算机类、电子信息类、自动化类、仪器类、管理科学与工程类专业月收入位列前五,分别为6886元、6429元、6356元、6323元、6104元。从毕业三年后和五年后来看,计算机类、电子信息类专业月收入持续位列前两位,其中毕业五年后月收入分别达到13953元和12566元。与信息技术、工业互联网相关的专业薪资优势明显,2021届本科毕业半年后月收入50强中,信息安全、软件工程、信息工程、计算机科学与技术、网络工程专业位列前五。从行业来看,月收入排名前十的行业中,包括人工智能、5G、集成电路等在内的数字产业位列前茅,其中软件开发业薪资水平位列榜首,达到7245元。计算机与数据处理、互联网开发及应用类行业月收入持续领先,位列前两位,2021届月收入分别达到7005元和6885元。互联网开发及应用、计算机与数据处理类行业中期的月收入持续领先于其他行业,毕业五年后的薪资在15000元左右。可以看到,不管是在毕业初期还是三五年后,互联网、计算机相关行业都表现出明显的薪资优势。从职业来看,2021届本科生毕业半年后月收入排名靠前的职业主要是计算机、互联网、大数据等数字化相关岗位,包括互联网开发人员、游戏策划人员、计算机软件应用工程技术人员、计算机程序员、大数据工程技术人员、网络设计人员、计算机系统软件工程技术人员等,其中互联网开发人员月收入最高,达到7587元[66]。

在高薪背后,同样也面临不断的优化调整。2022年麦可思研究院发布的就业蓝皮书数据显示,互联网企业的初始技术岗位占比下降。疫情防控常态化下,互联网企业进一步优化调整自身业务,岗位结构也发生相应变化。从在互联网相关领域就业的大学毕业生的主要岗位构成来看,初始技术岗位占比下降(如从事计算机程序员的比例从2019届的15.1%下降至2021届的12.3%)。在互联网行业就业的大学毕业生主要来自计算机类专业,这类专业

2021 届毕业生的就业落实率相比于 2019 届下降了 3.9 个百分点。计算机类专业毕业生规模较大（如计算机科学与技术专业年均毕业生人数在 10 万以上），在招聘人数趋于饱和的情况下，毕业生面临着较为激烈的求职竞争，这也在较大程度上影响了他们的就业落实。

第五章　经济新常态下大学毕业生就业质量评价指标体系构建

我国大学毕业生人数每年都在增长，就业形势十分严峻。随着我国进入经济新常态的发展阶段，大学毕业生就业难的问题越来越突出。作为劳动力市场上一个重要的就业群体，大学毕业生的就业质量也备受学界的关注。就业质量高低的评定，仅通过定性研究是远远不够的，还需要有一个完整的评价体系来对就业质量的优劣进行全面的评价。通过定性与定量评价相结合，实现分析、判断、评价大学毕业生群体与生产资料结合并获得报酬或收入情况的优劣程度。现在大部分高校每年都会发布毕业生毕业半年以后的就业质量报告，但根据对教育部直属75所高校发布的就业质量评价报告的调查发现，各高校评价报告的数据来源不尽相同，评价指标不统一，只能在同一个学校不同年份发布的报告之间进行比较，但无法实现多所高校间就业质量的比较。现在不同院校间就业质量的比较，都是用单项指标分散、独立地对就业质量的某些方面进行评价，造成我们只能用单项指标（例如就业率）对各高校进行比较，却不能从整体上评价各高校就业质量的优劣，这造成各高校的评价结果不具有可比性。没有比较，就难以鉴别孰优孰劣。要想从整体上评价各高校就业质量的状况，需要建立一套统一、系统的评价体系，包括评价指标体系（含一级指标、二级指标等）、指标权重、评价标准、评价等级，但目前尚没有这样一套公认的评价体系。

本章的核心是确定大学毕业生就业质量评价体系，评价体系的核心部分则是指标的选取。笔者在大量阅读研究文献的基础上，结合本科毕业生就业的现状和特点选取最初指标，再结合德尔菲法，最终确定 6 个一级指标和 13 个二级指标及权重。6 个一级指标是工作环境、职业发展、薪酬福利、平等就业、就业稳定性和就业满意度。6 个一级指标下又设有 13 个二级指标，分别是工作环境下设健康与安全、工作关系和谐度、工作时间与强度，职业发展下设专业相关度、职业吻合度、培训机会、晋升机会，薪酬福利下设月收入、社会保障，平等就业下设机会平等、劳动合同，就业稳定性下设离职率，就业满意度下设主观满意度。运用层次分析法结合德尔菲法测算各指标权重，构建出评价指标体系，在此基础上确定各指标评价标准，编制就业质量评分表。

第一节 评价指标体系构建的思路与原则

一、构建思路

（一）明确构建目的

一般情况下，各大高等院校向社会公布就业率指标来反映学校的就业情况，但仅仅通过就业率是无法确定大学毕业生的就业质量情况的，而且在教育部要求各高校发布的就业质量年报中，存在评价标准不同、数据来源各异、统计口径不一等问题[67]。本书旨在立足高等院校普通本科层面，在大学毕业生就业率高、就业质量低的现状下构建科学的就业质量评价指标体系。只有将就业率与就业质量科学地结合起来才能真正体现学校的就业竞争力和综合办学实力。一般本科院校虽然与"双一流"高校同为本科层次，但与"双一流"高等院校在就业市场面临的就业情况却不太一样。"双一流"高校立足于培养具有高精尖技术和先进管理理念的人才，这类高校是国内培养高层次人才的基地，同时，在教育质量、师资队伍、生源结构、办学水平和软硬件设施等方面都具有明显的优势，大学毕业生的综合素质和就业能力相对较高；而一般本科院校主要结合地方特色和本校优势，培养的是一批服务于当地经济建设的人才，办学条件和办学定位都不如重点工程院校，所培养的大学毕业生在就业竞争上明显处于弱势。这类院校本科毕业生的就业质量和重点工程院校本科毕业生的就业质量显然不能用同一标准进行比较。普通本科院校主要以培养应用型、复合型人才为目标，着眼于培养学生的实践动手能力。因此，在对大学毕业生进行就业质量评价时也应根据院校层次的差异采取不同的评价标准，不能采用一个固定的标准来评价所有高校的毕业生的就业质量，更不宜以毕业生毕业于哪类院校来等效就业质量。

现在各高校的毕业生就业质量评价体系均由高校自己制定，进行统计的一方认为哪种指标体系科学就使用哪种指标体系，无论是第三方机构还是高校自己自主设计的毕业生就业质量评价指标都带有一定的偏向性，这是不可避免的。本书选取一般本科院校 Y 大学和其下 L 独立学院的 2017—2021 年本科毕业生为研究对象进行评价研究，对不同维度和不同方面的评价指标进行分析，希望能够客观、准确地描述一般本科院校毕业生就业质量的现状。通过对各个指标进行分层评价可以清晰地看出不同高校就业质量的优劣情况，为下一阶段就业质量的提高进行直观的目标设置。将就业质量与就业率结合分析，为一般本科高校的人才培养体系建设提供科学依据，从而提高本科毕业生就业质量，为毕业生实现高质量就业提供参考。

（二）确定理论依据

构建就业质量指标体系，首先要明确大学毕业生就业质量的概念及内涵。结合国内研究现状，本书将刘素华与秦建国给出的就业质量概念相结合，得出大学毕业生就业质量是衡量其在就业过程中的就业状况以及获得收入情况优劣程度的综合性范畴[4,8]。就业质量受到政府、社会和经济发展因素的制约，同时也受到毕业生所就读的高校的综合实力及个人能力的影响。

初次就业质量指标筛选依据的是马斯洛需求层次理论。马斯洛需求层次理论在学术界被公认为是社会问题的研究理论支柱，并且研究学者普遍认为，其在现代行为科学研究中也占有不可撼动的地位。大学毕业生就业是大学毕业生走出学校迈向社会的行为问题。大学毕业生对于工作的选择，是根据其自身需求和对自身能力的判断的综合考量，在从微观层面进行就业质量研究时，将毕业生个体作为就业质量研究的评价对象，通过对自身多种因素进行考量，形成个体需求内容，用来确定评价指标的具体内容。马斯洛的需求层次理论恰好是依据个体需求的高低将需求分为生理需求、安全需求、社交需求、尊重需求、自我实现需求五级。生理需求是人类维持自身生存和个人生理机能正常运转所必需的，是推动人行动的最重要、最强大的动力。毕业生在生理需求层面应包含的就业质量评价指标有月收入、社会保障等。安全需求，是指个体在社会形态下需要稳定、安全的工作环境，同时受到保护从而消除不必要的恐惧。毕业生在安全需求层面应包含的就业质量评价指标有就业稳定性、健康与安全、社会保障等。社交需求是人们在彼此交往的过程中渴望建立感情的联系或关系，是更为细致的需求，包括人与人间的关系融洽或希望成为群体中的一员并获得认可。毕业生在社交需求层面应包含的就业质量评价指标有培训机会、晋升机会、工作关系和谐度等。尊重需求，是指每个人都希望自身能力、价值与成就得到他人和社会的肯定、认可，是较高层次的需求。毕业生在尊重需求层面应包含的就业质量评价指标有机会平等、工作关系和谐度、劳动合同、工作时间与强度等。自我实现的需求，是指人对理想抱负、能力潜力不断完善的自觉追求，是人最高层次的需求。毕业生在自我实现需求层面应包含的就业质量评价指标有专业相关度、职业吻合度、晋升机会、就业满意度等。

（三）选择构建方法

文献研究法是本书的研究方法之一，在研究大学毕业生就业质量的相关文献中，其中大部分是对构建的指标体系进行研究。尽管是对不同层次、不同性质的院校在不同时期进行的研究，但在指标的选取上有一定的共性。通过对前人研究的总结、分析，筛选出一些共性指标，包括就业结构、薪资、工作时间、职业发展、专业相关性、就业满意度等，根据这些指标与一般本科院校的实际情况，依据马斯洛需求层次理论进行指标匹配，再结合德尔菲法进行指标的进一步确定。运用层次分析法进行权重的确定。层次分析法是一种对非定量事件作定量分析的决策分析方法。该方法将与决策有关的因素分解为目标层、准则层和方案层，在此基础上通过定性指标模糊量化方法算出层次单排序和总排序，以此作为目标、多方案优化决策的系统方法。其基本思想是先按照问题要求建立一个描述系统特征的递阶层次结构，通过两两比较同层次各因素的相对重要性，构造上层某要素对下层相关元素的判断矩阵，以便给出相关元素对上层某要素的相对重要序列。此方法需要依靠评分者的客观评分，才可以保证定性分析的科学性和定量分析的准确性。层次分析法的具体操作步骤：（1）建立递阶层次结构；（2）构建两两比较的判断矩阵；（3）层次单排序及一致性检验；（4）层次总排序及一致性检验；（5）结果分析。

二、构建原则

（一）全面性与系统性原则

单一指标无法对就业质量作出全面的评价，在构建评价指标时要系统地综合考量。就业质量评价体系的系统性，是指要求各指标之间存在逻辑性，而且还要反映出就业质量的真实状况。评价指标要涵盖能够反映就业质量的各要素，评价体系内的各指标之间应具有一定的逻辑关系，全面系统地对大学毕业生就业质量作出评估。各指标之间彼此独立又相互联系，构成一个有机统一的整体。大学毕业生就业质量评价指标应涵盖毕业生群体就业质量的各个方面，并从全局考虑各指标之间的相互影响，合理构造层次数量和指标数量，使整个评价体系环环相扣，再选择合理的评价指标。只有运用具备全方位指标的评价体系进行评价，才能保证评价内容的全面性，才能科学地反映评价对象，才能正确地表达评价目的。

（二）客观性与主观性相结合原则

一直以来，大学毕业生就业质量的评价都属于一个复杂的问题，人们无法单纯地采用客观评价的方法进行测量，必须将主、客观评价指标相结合。

就业质量包含各种主观和客观内容，例如薪酬福利这一客观评价指标同时也是影响大学毕业生个体满意度的要素，通常劳动报酬高的大学毕业生往往满意度也较高。而就业满意度则更多地涉及主观想法。在构建大学毕业生就业质量评价体系时，不仅要体现与就业质量相关的客观指标，而且要显现与就业质量相关的主观指标。只有科学合理地设置客观指标和主观指标，并将就业状况客观描述性指标与主观感受的合理评价相结合，才能使所构建的大学毕业生就业质量评价体系更具说服力，就业质量评价体系更加科学完善。

（三）定性与定量相结合原则

任何评价体系中的任何指标都兼具量和质两方面的内容，这是指标的基本属性，没有质，则不存在研究意义。定性评价是对大学毕业生就业质量各要素情况及其性质进行分析，定性的指标要能够用语言进行表述。但鉴于定性缺少一定的计算数据支撑，结论不一定完全客观。而定量评价是运用数据对问题进行检验，有利于客观上间接地对问题进行分析论证。没有量，则无法进行数据结果的搜集。大学毕业生就业质量评价体系的每一个指标都是定量与定性相结合的研究产物。量和质是事物的两个方面，单独使用定量研究或者单独使用定性研究，其研究结果均无法满足研究要求。将定量分析与定性分析结合起来，特别是在确定权重时，必须要用定量分析。运用科学的方法对每项指标设置权重值，就是量化的过程。在对定性指标进行定量展现的同时，对定量指标进行定性分析，实现其从模糊到清晰的过程演进。

（四）代表性与针对性原则

就业质量评价体系的针对性原则，是指评价其本身就是对某一具体事物进行判断、分析后得出相应的结论。就业质量评价指标体系难以追求普遍性的评价模型，这是因为在对高校毕业生的评价中，因高校类型、培养水平以及专业关注度不同，选择相同的评价指标必然会对不同学科专业评价结果的准确性和客观性产生影响，因此在评价体系构建的初期就应该考虑到各学科专业特点的不同，对现有的评价指标进行选择和分析时既要勇于创新，又要体现专业的独特性，构建针对具体专业的评价指标，反映就业质量的真实水平。针对一般本科院校办学定位的特点，在构建指标时应与"双一流"院校相区别。要化繁为简、突出重点，选取既有代表性又有针对性的指标，能够代表一般本科院校毕业生的就业情况，便于在各普通本科院校间横向比较，同时院校自身纵向上也可以进行比较。

第二节 评价指标体系内容的构建

一、评价指标的内容

（一）指标的确定

一套科学合理的评价指标体系，是指用什么样的指标来评价就业质量的高低，这是评价体系当中最为重要、最核心的部分。一般来讲，评价指标按照评价层级可分为一、二、三级指标。确定指标有两种方式：可以先确定二级指标，然后通过设计调查问卷提取主要成分确定一级指标；也可以先确定一级指标，再将一级指标分解成二级指标。本书在指标的确定上主要是通过阅读大量关于就业质量指标构建的参考文献，然后采用德尔菲法，选取15名专家进行评选。其中，一般本科院校从事就业指导教学的资深专家4名，一般本科院校专门从事就业指导的资深专家4名，用人单位人力资源专家5名，第三方评价机构资深专家2名。然后，设计问卷进行调查，请专家对所列指标进行重要度排序。经过前后三轮收集整理，在第一轮中，将设定的初步指标体系以书面形式呈交给每位专家，采取匿名的方式咨询各位专家的意见，并将各位专家的意见进行汇总分析，将汇总后的结果再次呈交给各位专家实施第二轮，依照同样的方法再进行第三轮，得到不再修改的专家意见，最终确定6个一级指标、13个二级指标（见表5-1）。

表 5-1　一般本科院校毕业生就业质量评价指标

一级指标（6 个）	二级指标（13 个）
工作环境	健康与安全
	工作关系和谐度
	工作时间与强度
职业发展	专业相关度
	职业吻合度
	培训机会
	晋升机会
薪酬福利	月收入
	社会保障
平等就业	机会平等
	劳动合同
就业稳定性	离职率
就业满意度	主观满意度

（二）指标内容的界定

6 个一级指标分别是工作环境、职业发展、薪酬福利、平等就业、就业稳定性和就业满意度。6 个一级指标下又分别设有 13 个二级指标。

工作环境，广义上指与工作有关的物理环境和社会环境，狭义上指劳动者工作地周围的物理环境。工作环境影响着大学毕业生的身心健康发展，是评价大学毕业生就业质量高低的一项重要指标。本书中的工作环境既包括涉及大学毕业生工作场所的自然环境，也包括企业文化、职业声望、同事关系等人文环境。而大学毕业生就业环境如何，可以通过用人单位对工作场所的自然环境和人文环境的重视程度来衡量。在工作环境一级指标下设 3 个二级指标，分别是健康与安全、工作关系和谐度以及工作时间与强度。从物理环境也就是工作场所的自然环境来考虑，因为一般本科院校毕业生就职的岗位大多是一般技术类、普通管理类和销售服务类等，属于一线从业人员，所以必须考虑所从事的岗位对健康和安全的影响。虽然经济新常态下，产业结构改革促使一些企业进行了转型升级，一定程度上改善了工作环境，但考虑到一些危险工种是否采取足够的安全防范措施，所以设置了健康与安全这一二级指标。从社会环境方面考虑，工作关系包括上下级关系、同事关系等。工作关系的和谐度也会影响就业质量，因为工作关系和谐更有利于工作的顺利推进，从而提高工作效率。《劳动法》第三十六条规定："国家实行劳动者每日工作时间不超过八小时、平均每周工作时间不超过四十四小时的工时制度。"虽然有明确的法律规定，但进入经济新常态发展阶段以后，大学毕业生人数不断增加，社会岗位需求量减少，用人单位追求利益最大化，面对现代社会激烈的竞争，劳动者往往面临超负荷的工作压力。无论经济如何发展，劳动者始终处于劳动关系中的劣势地位，特别是刚毕业不久的大学毕业生，由于工作强度大，也经常加班。合理的工作时间是劳动者应该享有的合法权利，也是体现就业质量的重要方面，所以工作时间与强度同样是衡量就业质量的因素之一。总之，从工作环境角度衡量就业质量，健康和安全是工作环境的保证，较高的工作关系和谐度能够提高员工的工作热情，合理的工作时间与强度可以减轻工作压力，从而提高工作积极性。

职业发展，是指大学毕业生获取目前及将来工作所需的技能、知识的一种规划和渠道。职业发展一级指标包含的二级指标有专业相关度、职业吻合度、培训和晋升机会。设置专业相关度指标是因为一般本科院校的毕业生之所以受到用人单位的欢迎，首先是因为他们相较于一般劳动者拥有一定的专业技能。而且在经济新常态背景下，专业技能是本科毕业生相较于普通劳动者更具就业竞争力的表现之一。专业相关度也就是专业对口度，指一般本科院校毕业生所从事的工作与所学专业匹配或内容相近的程度。专业相关度能够充分反映高校的专业设置是否符合当前经济社会发展和个体就业创业的需要，是人力资本投资实现的重要途径，与就业质量成正比。大学毕业生从事的工作与专业相关度越高，越能够在岗位上发挥自身专业优势，对国家、单位的贡献程度也越大。但是在实际就业过程中，大学毕业生更多地考虑到社会地位、劳动报酬、工作稳定、工作环境等客观因素，往往出现追热求稳的现象，人力资本投资与回报不成正比。无论是院校人才培养目标还是毕业生就业品质的需要，专业相关度都是衡量就业质量的重要指标。专业相关度持续降低的专业，从一个侧面反映出该专业培养出的人才与社会需求有出入，应该考虑调整培养目标或减少招生人数。而职业吻合度，是指毕业生实际从事的工作是否符合自己对职业的期待，主要包括职业和价值观的吻合度、职业和兴趣的吻合度、职业和性格的吻合度以及职业和能力的吻合度。根据马斯洛需求层次理论，人们低层次的基本生理需求得到满足后，它的激励作用就会降低，其优势地位将不再保持，就会产生更高层次的需求，高层次的需求会取代它成为推动行为的主要动力。对于接受过高等教育的大学毕业生来讲，自我实现的需求更加强烈。自我实现，是指实现个人理想、抱负，将个人的能力发挥到最大限度，也就是说，人必须干称职的工作，这样才会使他们感到快乐。从事与自己能力及兴趣匹配的工作才更有利于其职业发展。职业吻合度为主观指标，也就是说，职业吻合度越高，就业质量越高，进而保证大学毕业生这一劳动群体能够在合适的岗位上发挥自身优势，创造出更多的社会财富。培训和晋升机会，是指劳动者在所在单位得到的提升自身技术和能力水平的培训机会和晋升机会。《劳动法》第六十八条规定："用人单位应当建立职业培训制度，按照规定提取和使用职业培训经费，根据本单位实际，有计划地对劳动者进行职业培训。"大学毕业生是技能型的劳动力群体，知识与技能又是人力资源的核心，培训可以更新劳动者原有的知识技能，确保人力资源的保值增值，从而保证其在劳动力市场上的竞争地位，同时也有助于劳动者提高收入、获得职位晋升。因此所在单位是否能为大学毕业生提供再学习和再提升的机会，关系到其工作以后的职业发展。是否有培训和晋升的机会，不仅反映出大学毕业生目前的就业质量情况，而且展现出其未来的高质量发展前景。单位是否提供培训和晋升机会、提供机会的多少，对于评价相同单位和不同单位岗位都有同等效果。因此用人单位是否能够为员工提供足够的学习机会、增加劳动技能，是否有健全的员工晋升机制、达到合理的资源配置、体现激励作用，也是在衡量就业质量时需要考虑的因素，同时也是必不可少的就业质量评价指标之一。

薪酬福利，是指劳动者从事劳动所获得的劳动货币报酬及其他福利，其不仅是个人生活的保障，也是绩效的重要激励手段。当下大学毕业生属于"Z世代"人群，认为薪酬福利是个人价值的体现。针对大学毕业生的收入水平应包含月收入（定岗后平均每月的工资、奖金、业绩提成、福利补贴等所有税后现金收入）和社会保险。在这里具体下设2个二级指标，分别是月收入和社会保障。月收入是就业质量最直观的表现，也是所有就业质量评价指标不可缺少的核心指标。其是大学毕业生人生价值的直观反映，也是社会对大学毕业生认可度的一种货币表现形式，能够反映人力资本投入的回报水平。通常认为收入水平与就业质量成正比，与人才培养质量同样成正比，因为收入水平能够体现高等教育的水平。通常就业质量高的，相应的收入水平也高，相反，就业质量不高的大学毕业生，收入水平自然也低。如果高校培养出来的毕业生和未接受过高等教育的劳动者收入相当，甚至毕业生更低，则无法体现高等教育的水平和价值，就很难说他们的就业质量是高的。不同地区的经济水平不同，所以在衡量收入水平时要考虑地区经济差异的影响。另外一个指标则是社会保障，即通常所说的社会保险。社会保障是国家通过立法实现的，追求公平，满足公民的基本生活水平，为居民提供的必要保障。它是包括社会保险、社会救济、社会福利和优抚安置等在内的一种保障制度；它是劳动力再生产的保护器、社会发展的稳定器以及经济发展的调节器。它既能从经济上保障国民的生活，也能通过提供服务的方式满足国民对个人生活照料服务的需要，还能从情感上给人以精神慰藉，在个人安全感上起到不可替代的作用。考虑到方便量化，本研究中社会保障包括社会保险和住房公积金，社会保险包括养老保险、医疗保险、失业保险、工伤保险以及生育保险，社会上通用的表述为"五险一金"。社会保险能够提升劳动者的安全感，为其解除后顾之忧。由于单位性质不同，特别是一些小型民营企业管理不规范，为了减少开支，往往不为员工缴纳或缺缴保险及公积金，而一般本科院校毕业生在民营企业工作的比例是最大的，所以社会保障是就业质量评价的重要指标。

平等就业，是指劳动者享有平等的就业权利和就业机会。平等就业一级指标包含的二级指标有机会平等和劳动合同。机会平等主要体现为就业过程中因为各种原因遭受的就业歧视，例如性别、地域、健康、毕业院校等。在大学毕业生就业过程中，用人单位提出的有关毕业院校、性别、地域等歧视问题屡见不鲜。只有尽量确保就业的公平，改变各类带有歧视的观念，才能真正体现出就业质量的提高，反映出社会的进步。所以虽较难调查到翔实的情况，但机会平等作为考查就业质量高低的因素必不可少。本书研究一般本科院校毕业生的就业质量，因此机会平等是指对一般本科院校毕业生存在歧视。对于大学毕业生来说，求职中遇到的性别不公待遇尤其明显。本科毕业生毕业年龄阶段正值结婚生育高峰期，用人单位更倾向于男性求职者，鉴于此，提出机会平等作为就业质量评价指标来衡量就业质量的高低。而劳动合同歧视是近几年出现的一种情况。大学毕业生从事的岗位相同但是签订的合同种类却大不相同。例如在同一次校园招聘会上，大学毕业生同时被同一家公司录用，用人单位与不同层次的大学毕业生签订的劳动合同是有区别的。"双一流"院校签订人事代理合同，一般本科院校毕业生只能签订劳务派遣合同。劳动合同，是指劳动者与用人单位之间确立劳动关系，明确双方权利和义务的协议。劳务派遣合同是由实际用工单位和劳务派遣公司首先签订劳务派遣协议，之后由劳务派遣公司代替用人单位招聘员工进行派遣的合同。由于用工形式不同，许多福利待遇和享有的权利便不同。劳动合同员工享有的权利，劳务派遣员工是不能享有的，此类员工极其没有安全感和归属感，显然其就业质量是低的。

就业稳定性一般是指劳动者在所在岗位长期从事的意愿程度。在毕业生就业质量评价体系中，其主要代表毕业生就业后能够长时间从事该工作，且能够保证自身生活维持在稳定状态。用人单位辞聘和毕业生辞职均会造成人员流动，降低稳定性。保持工作单位和岗位的相对稳定、降低离职率的益处在于，对用人单位来说，可以省去频繁招聘、培养新人的无谓的人力、物力、财力消耗，集中精力培养骨干力量，有利于单位的长远发展。而就业越稳定，说明大学毕业生和用人单位双方在双向选择时是相对比较满意的，就业质量是相对较高的。对大学毕业生来说，稳定的工作意味着稳定的收入，稳定的工作有利于积累人脉资源和工作经验，利于职业发展，可增加晋升机会，使个人发展前景开阔，对个人的生活保障和身心发展都大有好处。大学毕业生能在一个工作岗位上坚持一段时间，说明这个工作目前能够给他们带来价值，属于高质量的就业；反之，如果大学毕业生经常变动工作岗位，说明这种就业未能达到个人的满意度，是一种低质量的就业。麦可思研究院在评价就业质量时选取离职率作为就业稳定性的指标，以此来衡量就业质量的高低。本书中就业稳定性指标是由下设的二级指标离职率来反映的。离职率＝离职人数／已就业总人数×100%。要注意的是，离职率是与大学毕业生就业质量呈反比的指标，离职率越高，说明就业质量越低。

就业满意度指标是主观感受指标，是指从业者对工作单位和工作内容等与自身相关的各方面因素的总体性心理状态评价。此指标不同于薪酬、发展空间、晋升机制等指标具有明确的内容，它主要体现的是就业者对于工作是否满意的整体的心理感受情况。大学毕业生满意度越高，就可以认为其找到了适合的工作，从心理上接受了现从事的工作，行为上积极、乐于工作，对自身各方面都会产生影响。通过分析此指标能反映大学毕业生的就业质量。不同的大学毕业生由于个性、能力、水平以及对职业期待的不同，对于工作是否满意有自己的判断。本书主要是从一般本科院校毕业生的角度考虑，因此只通过毕业生的主观满意度来测量。就业满意度，是指大学毕业生对就业单位、工作环境、从事岗位、职业发展、薪酬福利、平等就业等满意程度的综合性指标。有一些文献资料将用人单位和高校的满意度包含在满意度指标中，鉴于本书是从一般本科院校本科毕业生角度出发，故未将用人单位和高校满意度列入其中。

二、各项指标的权重

笔者运用德尔菲法确定了6个一级指标和13个二级评价指标之后，需要进一步确定各级指标的权重。前人的研究中大多是研究者进行主观确定，本书将德尔菲法与层次分析法相结合进行测量，力求权重设置的科学性、可靠性与实用性。根据层次分析法（AHP），确定权重需要4个步骤，分别是建立层次结构模型、构建判断矩阵、层次单排序及一致性检验、层次总排序及一致性检验[68]。

第一步，建立就业质量评价指标体系的层次结构模型。整个层次模型可分为三层：目标层A，中间层B、C，方案层D。目标层A是就业质量评价。

中间层为判断层，包括 B 和 C 两个层次，分别是就业质量评价体系的 6 个一级指标和 13 个具体的二级指标。B 层的 6 个一级指标分别记作 B_1，B_2，…，B_6；C 层的 13 个二级指标分别记作 C_1，C_2，…，C_{13}。方案 D 层为每一年的就业质量评价，本书选取 2017—2021 年毕业的大学毕业生的就业质量进行评价。层次模型具体如表 5-2 所示。

第二步，构建两两比较判断矩阵。判断层有多个指标，为了降低多指标间比较的难度，层次分析法采取两两比较的方式。对比主要是表示本层所有因素对上一层某一因素的相对重要程度。通常采用相对标度，用数量来表示两个指标的重要程度，这样就把主观的判断进行了量化。根据层次分析法的惯常做法，结合就业质量评价指标数量，采用 1～5 标度对不同的指标进行两两比较，标度含义如表 5-3 所示。构造判断矩阵时邀请 15 名领域内的专家，由专家对所有一级指标和二级指标进行两两比较，按规则判断它们的相对重要程度，并将判断结果量化，构成判断矩阵，最终获得各层指标的判断矩阵。表 5-4 为一级指标对目标层的判断矩阵，表 5-5～表 5-8 为二级指标对中间层的判断矩阵。

表 5-2　AHP 应用于一般本科院校毕业生就业质量评价指标体系模型

目标层 A	判断层		方案层 D
	一级指标 B	二级指标 C	
本科毕业生就业质量评价指标体系	工作环境 B_1	健康与安全 C_1	每一年就业质量评价
		工作关系和谐度 C_2	
		工作时间与强度 C_3	
	职业发展 B_2	专业相关度 C_4	
		职业吻合度 C_5	
		培训机会 C_6	
		晋升机会 C_7	
	薪酬福利 B_3	月收入 C_8	
		社会保障 C_9	
	平等就业 B_4	机会平等 C_{10}	
		劳动合同 C_{11}	
	就业稳定性 B_5	离职率 C_{12}	
	就业满意度 B_6	主观满意度 C_{13}	

表 5-3 两两判断矩阵标度的含义

标度	含义
1	两个指标相比，具有同等重要性
2	两个指标相比，一个指标比另一个指标稍微重要
3	两个指标相比，一个指标比另一个指标明显重要
4	两个指标相比，一个指标比另一个指标强烈重要
5	两个指标相比，一个指标比另一个指标极端重要
1/2，1/3，1/4，1/5	两个指标相比，相应程度渐弱

表 5-4 一级指标对目标层的判断矩阵

A	B_1	B_2	B_3	B_4	B_5	B_6
B_1	1	1/2	1/3	1/2	3	1/4
B_2	2	1	1/2	2	3	1/2
B_3	3	2	1	2	5	1
B_4	2	1/2	1/2	1	4	2
B_5	1/3	1/3	1/5	1/4	1	1/3
B_6	4	2	1	1/2	3	1

表 5-5 二级指标 C_1、C_2、C_3 对 B_1 的判断矩阵

B_1	C_1	C_2	C_3
C_1	1	5	1
C_2	1/5	1	1/3
C_3	1	3	1

表 5-6 二级指标 C_4、C_5、C_6、C_7 对 B_2 的判断矩阵

B_2	C_4	C_5	C_6	C_7
C_4	1	4	3	2
C_5	1/4	1	3	2
C_6	1/3	1/3	1	1/2
C_7	1/2	1/2	2	1

表 5-7　二级指标 C_8、C_9 对 B_3 的判断矩阵

B_3	C_8	C_9
C_8	1	1/2
C_9	2	1

表 5-8　二级指标 C_{10}、C_{11} 对 B_4 的判断矩阵

B_4	C_{10}	C_{11}
C_{10}	1	1/5
C_{11}	5	1

第三步，层次单排序及一致性检验。首先，计算一级指标对目标层的判断矩阵的最大特征值及对应的特征向量。

$$A = \begin{bmatrix} 1 & 1/2 & 1/3 & 1/2 & 3 & 1/4 \\ 2 & 1 & 1/2 & 2 & 3 & 1/2 \\ 3 & 2 & 1 & 2 & 5 & 1 \\ 2 & 1/2 & 1/2 & 1 & 4 & 2 \\ 1/3 & 1/3 & 1/5 & 1/4 & 1 & 1/3 \\ 4 & 2 & 1 & 1/2 & 3 & 1 \end{bmatrix}$$

通过计算得到矩阵 A 的最大特征值 $\lambda_{max} = 6.4250$。然后，为了检验判断矩阵的一致性，需要计算如下一致性指标值：

$$CI = \frac{\lambda - n}{n - 1}$$

其中，n 表示指标的个数，λ 是判断矩阵的最大特征值。如果 $CI=0$，则具有完全的一致性，如果 CI 接近 0，则具有满意的一致，CI 越大，不一致越严重。为了衡量 CI 的大小，引入随机一致性指标 RI（见表 5-9）。

表 5-9　随机一致性指标 RI

n	1	2	3	4	5	6	7	8	9	10	11
RI	0	0	0.58	0.90	1.12	1.24	1.32	1.41	1.45	1.49	1.51

定义一致性比率：

$$CR = \frac{CI}{RI}$$

如果$CR<0.1$，认为A的不一致程度在容许范围内，具有满意的一致性。根据计算得到的判断矩阵的最大特征值，计算得到判断矩阵A的一致性比率$CR=0.068$。显然，$CR<0.1$，判断矩阵具有一致性，通过一致性检验。最后，将矩阵A的最大特征值对应的特征向量进行归一化，得到各指标的权重为W_1=[0.0879，0.1759，0.2707，0.1923，0.0488，0.2243]。

类似地，通过计算，得到二级指标C_1、C_2、C_3对B_1的判断矩阵：

$$B_1 = \begin{bmatrix} 1 & 5 & 1 \\ 1/5 & 1 & 1/3 \\ 1 & 3 & 1 \end{bmatrix}$$

矩阵的一致性比率$CR=0.025$，通过一致性检验，并且权重向量为W_2=[0.4806，0.1139，0.4053]。二级指标C_4、C_5、C_6、C_7对B_2的判断矩阵：

$$B_2 = \begin{bmatrix} 1 & 4 & 3 & 2 \\ 1/4 & 4 & 3 & 2 \\ 1/3 & 1/3 & 1 & 1/2 \\ 1/2 & 1/2 & 2 & 1 \end{bmatrix}$$

矩阵的一致性比率$CR=0.0961$，通过一致性检验，并且权重向量W_3=[0.4893，0.2365，0.1008，0.1732]。二级指标C_8、C_9对B_3的判断矩阵：

$$B_3 = \begin{bmatrix} 1 & 1/2 \\ 2 & 1 \end{bmatrix}$$

经过计算，其$CI=0$，具有完全一致性，通过一致性检验，并且其特征向量W_4=[0.3333，0.6667]。C_{10}、C_{11}对B_4的判断矩阵：

$$B_4 = \begin{bmatrix} 1 & 1/5 \\ 5 & 1 \end{bmatrix}$$

其$CI=0$，具有完全一致性，通过一致性检验，并且其特征向量W_5=[0.1667，0.8333]。

第四步，层次总排序及一致性检验。各层次的关系如图5-1所示。

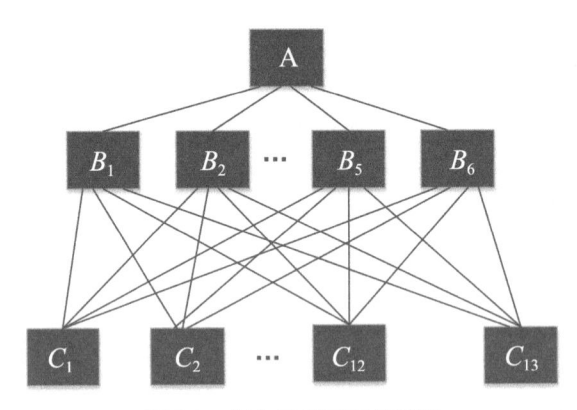

图 5-1　各个指标层次关系图

B 层有 6 个因素，对总目标 A 的排序为 a_1，a_2，…，a_6。C 层的 13 个因素上一层 B_j 的单层次排序为 C_{1j}，C_{2j}，…，C_{nj}，n=1，2，…，13。那么 C 层每个因素 C_i 对总目标 A 的权值：

$$C_i = \sum_{j=1}^{m} a_j C_{ij} \tag{5-1}$$

设 C 层对 B 层每个因素 B_j 的层次单排序一致性指标为 CI_j，随机一致性指标为 RI_j，则层次总排序的一致性比率：

$$CR = \frac{a_1 CI_1 + a_2 CI_2 + \cdots + a_6 CI_6}{a_1 CR_1 + a_2 CR_2 + \cdots + a_6 CR_6} \tag{5-2}$$

根据式（5-2），计算得到总排序的一致性比率 CR=0.0788。显然 CR<0.1，层次总排序通过一致性检验。根据式（5-1），计算得到 C 层各因素对总目标的权重，如表 5-10 所示。

表 5-10　指标层次总排序

因素	B_1	B_2	B_3	B_4	B_5	B_6	权重
	0.0879	0.1759	0.2707	0.1923	0.0488	0.2243	
C_1	0.4806						0.0422
C_2	0.1139						0.0100
C_3	0.4053						0.0356
C_4		0.4893					0.0861
C_5		0.2365					0.0414

（续表）

因素	B_1 0.0879	B_2 0.1759	B_3 0.2707	B_4 0.1923	B_5 0.0488	B_6 0.2243	权重
C_6		0.1008					0.0177
C_7		0.1732					0.0305
C_8			0.6667				0.1805
C_9			0.3333				0.0902
C_{10}				0.6667			0.1282
C_{11}				0.3333			0.0641
C_{12}					1		0.0488
C_{13}						1	0.2243

三、确定就业质量评分表

在确定了就业质量评价6个一级指标、13个二级指标的权重以后，本书根据加权计算就业质量得分。以100分为满分，根据权重计算各指标所占分值，得出大学毕业生就业质量评分。

设就业质量为A，B_1，B_2，…，B_6为6个一级指标，$A=B_1+B_2+…+B_6$。各二级指标用C_1，C_2，…，C_{13}表示，那么$B_1=C_1+C_2+C_3$。用N_i（i=1，2，…，13）分别表示13个二级指标的权重，对于不同等级的问卷回收答案赋予不同的分值，最终计算就业质量得分。二级指标计算公式为B_1=（所占分值×X_1+所占分值×X_2+所占分值×X_3+所占分值×X_4+所占分值×X_5）/（$X×N_1$），其中X_1～X_5表示各个评价等级所占人数，X表示接受调查总人数。一般本科院校本科毕业生就业质量评分表如表5-11所示。用此评分表计算得出一般本科院校Y大学和其下L独立学院2017—2021年本科毕业生就业质量得分。

表 5-11 一般本科院校毕业生就业质量评分表

一级指标	二级指标	评分标准	分值
工作环境 B_1	健康与安全 C_1	工作环境舒适，对人体健康无害	100
		工作环境对人体有危害，有相应的劳动保护措施	90
		工作环境对人体有危害，无相应的劳动保护措施	80
	工作关系和谐度 C_2	工作关系良好，非常和谐	100
		工作关系一般，偶有不和谐，但能处理得当	90
		工作关系较差，不和谐	80
	工作时间与强度 C_3	30 小时以下（含 30 小时）	100
		30～40 小时（含 40 小时）	90
		40～50 小时（含 50 小时）	80
		50 小时以上	70
职业发展 B_2	专业相关度 C_4	非常相关	100
		比较相关	90
		一般相关	80
		不太相关	70
		完全不相关	60
	职业吻合度 C_5	非常吻合	100
		比较吻合	90
		一般吻合	80
		不太吻合	70
		不吻合	60
	培训机会 C_6	是	100
		否	60
	晋升机会 C_7	有明确的晋升机制，非常满意	100
		有明确的晋升机制，比较满意	90
		有晋升机制，不太满意	80
		没有明确的晋升机制，非常不满意	70
薪酬福利 B_3	月收入 C_8	6001 元及以上	100
		5001～6000 元	90
		4001～5000 元	80
		3001～4000 元	70
		3000 元及以下	60

(续表)

一级指标	二级指标	评分标准	分值
薪酬福利 B_3	社会保障 C_9	6种保障全有	100
		5种保障	90
		4种保障	80
		3种保障	70
		2种保障	60
		1种保障	50
平等就业 B_4	机会平等 C_{10}	未遭遇过就业歧视	100
		遭遇过就业歧视	60
	劳动合同 C_{11}	正式3~5年劳动合同	100
		正式2~3年劳动合同	90
		正式1年劳动合同	80
		劳务派遣合同	70
		无劳动合同	60
就业稳定性 B_5	离职率 C_{12}	第1份	100
		第2份	90
		第3份	80
		3份以上	70
就业满意度 B_6	主观满意度 C_{13}	非常满意	100
		满意	90
		比较满意	80
		不满意	70
		非常不满意	60

第三节 调查问卷

一、问卷设计

本书在确定就业质量评价体系以后，根据一般本科院校Y大学和其下L独立学院毕业生的就业特点，借鉴了以往此类研究设计问卷的形式，然后咨询专业的第三方评价机构，设计调查问卷，获取毕业生就业质量各项指标信息，对一般本科院校 Y 大学和其下 L 独立学院毕业生就业质量开展评价分析。问卷分为 3 个部分。

第一部分包括 2 个方面，分别是毕业生基本信息和基本就业情况。毕业生基本信息设置 5 个问题，包括毕业生性别、专业名称、毕业年份、在校成绩、在校经历。基本就业情况设置 3 个问题，了解毕业生签约单位地点、签约单位类型、现从事岗位性质。通过这些信息对 Y 大学及 L 独立学院毕业生基本就业情况进行了解。

第二部分为就业质量调查，主要针对工作环境、职业发展、薪酬福利、平等就业、就业稳定性和就业满意度 6 个一级指标下的 13 个二级指标设计 13 个具体问题。通过这些问题的设计，可以对照就业质量评分表对每一个毕业生的就业质量进行评分，并根据具体指标所反馈的信息找到其中存在的问题。

第三部分为影响就业质量的因素调查，主要从社会、家庭、学校和毕业生自身因素 4 个方面设置 20 个题目进行影响因素的重要程度调查。该部分调查采用李克特量表，"非常重要""重要""比较重要""不重要""非常不重要"，依次记为 5 分、4 分、3 分、2 分、1 分，得分越高说明对就业质量的影响程度越高。通过选定分值对不同因素的影响程度进行重要性判定，最终确定影响就业质量的因素。

二、信度和效度检验

（一）信度

信度，是指根据测量工具所得到的测量结果的一致性或者稳定性，是反映客观事物被测特征真实程度的度量指标，又称稳定性或者精确度。信度是用估计测量误差大小的尺度来说明测量结果中测量误差所占的比例，可定义为真实分数的方差与测量实得分数的方差之比，用以反映在相同条件下，对同一客观事物测量若干次，测量结果的相互符合程度或者一致程度。一般而言，两次或者两个测量结果越是一致，则误差越小，所得到的信度越高，说明数据越可靠。本书运用 SPSS 23.0 软件对调查结果进行信效度分析，采用克隆巴赫系数进行问卷的信度检验。克隆巴赫 α 系数是目前最常用的信度系数。如果一般问卷调查的信度系数在 0.9 以上，说明其信度很好；如果信度系数在 0.8 以上，则表示信度可以接受；如果信度系数在 0.7 以上，那么需要对问卷作较大的修改；当信度系数小于 0.7 时，则该问卷需要重新设计。

α 系数取值在 0 到 1 之间，α 系数越高，信度则越高，问卷内部的一致性越好。克隆巴赫 α 系数的计算公式：

$$\alpha = \frac{K}{K-1}\left(1 - \frac{\sum_{i=1}^{K}\sigma_i^2}{\sigma_T^2}\right) \quad (5\text{-}3)$$

其中，K 为量表中题项的总数，σ_i^2 为第 i 题得分的题内方差，σ_T^2 为全部题项总得分的方差。当 $\alpha > 0.7$ 时，认为信度较高，整个问卷调查量表是可以接受的。

本书采用 SPSS 23.0 软件，对问卷的信度进行检验。共收到 1946 份问卷，整个问卷一共 49 个题项。利用 SPSS 软件中"分析"菜单项中的"可靠性分析"功能，得到了整个问卷表的克隆巴赫 α 系数，结果如表 5-12 所示。检验结果表明，克隆巴赫 α 系数为 0.849，大于 0.7，表明该问卷调查是可以接受的。

表 5-12　调查问卷表的信度检验结果

克隆巴赫 α 系数	基于标准化项的克隆巴赫 α 系数	项数
0.849	0.847	49

（二）效度

效度，是指测量结果的有效性，它是指测量工具或者手段能够准确测出所需测量的事物的程度。测量结果与要考察的内容越吻合，则效度越高；反之，则效度越低。统计学中，通常对数据或者调查表作因子分析来检验效度。在作因子分析之前，对数据作 KMO 和 Bartlett 球形检验，以判断数据是否适合作因子分析。

KMO 和 Bartlett 球形检验首先使用主成分分析法，提取特征值大于 1 的因素，并对因素的参照轴进行方差最大法的旋转。当 KMO 小于 0.5 时，则不适合作因子分析。只有 KMO 大于 0.6 以上，才适合作因子分析。KMO 越接近 1，说明调查表中题项的共同因素越多。本书采用 SPSS 23.0 软件，运用该软件中的"因子分析"功能，对调查表的效度进行检验，统计结果如表 5-13 所示。本调查表的 KMO 值为 0.869，说明研究的有效性很高，适合作因子分析。

表 5-13 KMO 和 Bartlett 球形检验结果

KMO 与 Bartlett 检定	
Kaiser-Meyer-Olkin 测量取样适当性	0.869
Bartlett 的球形检定大约卡方	21867.075
df	1176
显著性	0.000

第六章 大学毕业生就业质量的实证研究

第一节 调查样本情况

一、调查对象

本书将河北省一般本科院校 Y 大学和其下 L 独立学院的本科毕业生作为研究对象。为了避免因毕业时间过久或太短给毕业生就业质量调查带来不稳定因素,本书摒弃单一选择应届毕业生作为研究对象的方法,而是选取 2017—2021 年毕业的本科生。之所以选择这所本科院校毕业生作为研究对象,是因为 Y 大学及 L 独立学院招生专业趋同,地理位置相同,而且有一定的隶属关系,基本享受相同的就业资源。本章所有数据和图表均来自调查问卷以及根据调查问卷分析所得。

二、样本收集情况

本次调查主要以电子问卷形式发放,通过相关辅导员教师的宣传,发动一般本科院校 Y 大学和其下 L 独立学院 2017—2021 年毕业生在网上填写问卷。填写时间为 2022 年 3 月 1 日—4 月 1 日,共 1 个月的时间。回收问卷数为 1946 份,有效率 100%。调查结果采用 EXCEL 和 SPSS 软件进行数据分析。

（一）调查样本性别情况

调查样本中男女比例为 1.21 ∶ 1，男女比例与近几年 Y 大学和 L 独立学院的毕业生比例趋同。调查回收样本能够比较真实、客观地反映出一般本科院校 Y 大学和其下 L 独立学院以工科为主、男多女少的实际情况。具体统计情况如表 6-1 所示。

表 6-1　毕业生样本性别情况统计

毕业年份	样本人数	男生样本数	女生样本数	男女性别比例
2017 年	244	162	82	1.98 ∶ 1
2018 年	383	193	190	1.02 ∶ 1
2019 年	416	206	210	0.98 ∶ 1
2020 年	323	182	141	1.29 ∶ 1
2021 年	580	324	256	1.27 ∶ 1
合计	1946	1067	879	1.21 ∶ 1

（二）调查样本学科情况

调查样本中工学占 69.39%，管理学占 22.72%，其他为文学、经济学、法学和理学，具体统计情况如图 6-1 所示。

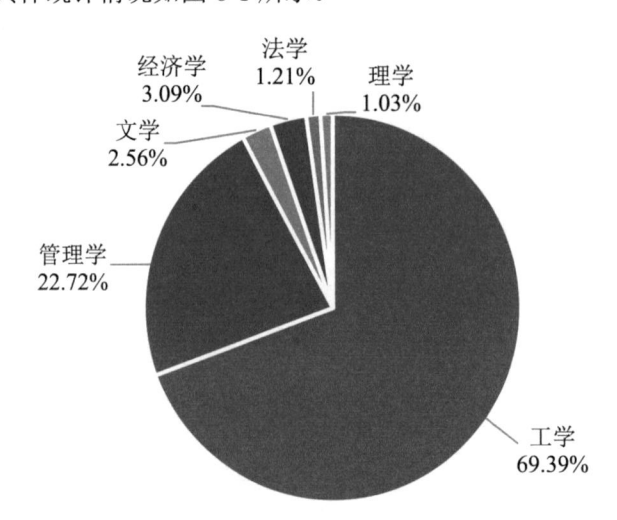

图 6-1　毕业生样本学科情况统计

从图 6-1 可以看出，本次回收样本覆盖了工学、管理学、文学、经济学、理学、法学 6 种学科，其中以工学为主、管理学为辅，兼顾其他学科，与 Y 大学和其下 L 独立学院招生比例基本一致，样本具有学科代表性。

（三）调查样本学习成绩情况

为了保证样本覆盖的全面性，此次调查问卷在基本信息中设有调查成绩一项。从样本回收情况来看，比例比较合理。通常情况下，在校成绩越好的毕业生，参加学校的调查相对越积极，这在样本中也有体现。专业前 10% 的学生答题比例占 20.04%，专业前 11%～30% 的毕业生答题比例在 38.23%，总体上前 30% 的学生占全部的一半以上。

表 6-2　毕业生样本在校学习成绩情况统计

在校学习成绩	频率（人）	所占百分比
专业前 10%	390	20.04%
专业 11%～30%	744	38.23%
专业 31%～70%	592	30.42%
专业 70% 以上	220	11.31%
合计	1946	100%

（四）调查样本在校经历情况

调查回收样本在校经历情况如图 6-2 所示。

从图 6-2 可以看出，一般本科院校 Y 大学和其下 L 独立学院的毕业生在校获得奖学金、担任过学生干部或参加学生会等社团实践比例相当高，均超过半数以上；而通过实习积累工作经验和获得专业技能证书的毕业生也都超过了 1/3；什么都没有参加过的仅占 8.63%。这也从侧面反映出一般本科院校 Y 大学和其下 L 独立学院的社团活动比较多，学生参与度较高，这部分数据也是后续分析就业质量影响因素的基础信息。

在校经历	比例
获得奖学金	64.00%
担任过学生干部或参加学生会等社团实践	55.18%
具有专业相关的实习经历或工作经验	47.23%
获得专业技能证书	32.42%
参加比赛或大型活动并获得过名次	27.07%
以上都没有	8.63%

图 6-2　毕业生样本在校经历情况统计

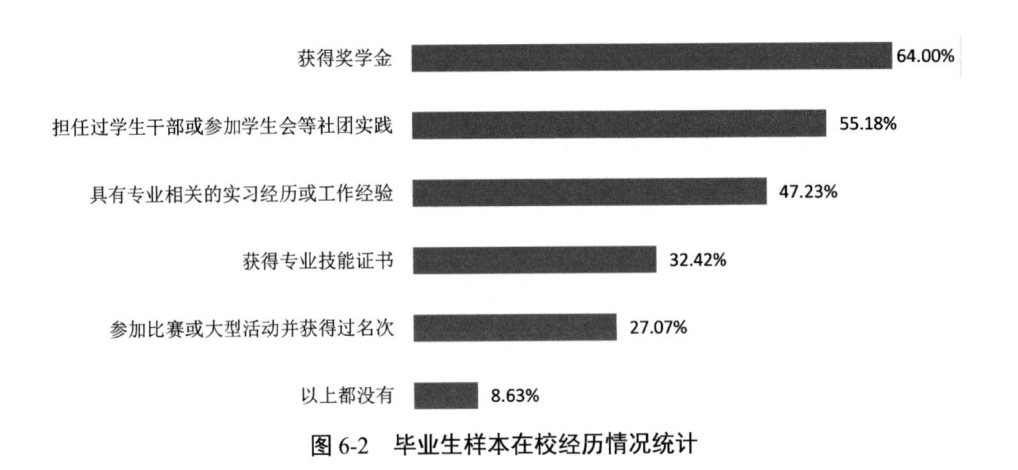

第二节　就业质量各项评价指标实证结果分析

本章主要对就业质量调查问卷回收数据进行整理。用图形结合表格的形式分别从工作环境、职业发展、薪酬福利、平等就业、就业稳定性和就业满意度 6 个一级指标以及 13 个二级指标对样本数据进行分析。通过对就业质量各级评价指标的分析，分别从社会、学校、用人单位和毕业生 4 个方面总结出一般本科院校 Y 大学和其下 L 独立学院的毕业生就业质量存在的问题。针对存在的问题，利用问卷和访谈结合日常就业工作中存在的现象，从内外两方面解析影响一般本科院校 Y 大学和其下 L 独立学院的毕业生就业质量的因素，为下一步提高本科毕业生就业质量的对策研究提供事实依据。

一、工作环境指标分析

（一）健康与安全

为了考察毕业生在工作环境中的健康和安全状态，在调查问卷中关于此项设置了一个问题，设有 3 种不同答案，具体统计情况如图 6-3 所示。

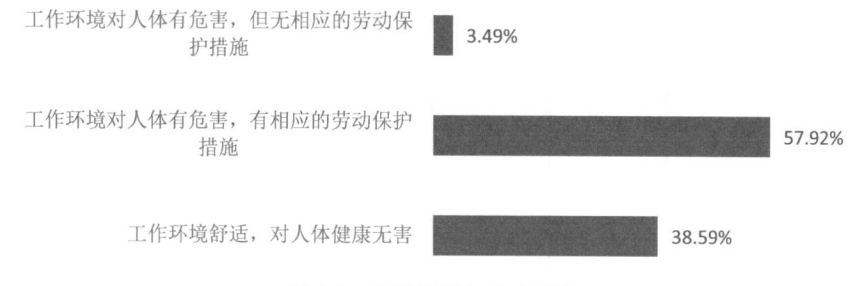

```
工作环境对人体有危害，但无相应的劳动保
护措施                                    3.49%

工作环境对人体有危害，有相应的劳动保护
措施                                                              57.92%

工作环境舒适，对人体健康无害                     38.59%
```

图 6-3　工作环境与安全情况

通过调查发现，在被调查对象中有 751 人（占比约 38.59%），工作环境舒适，从事工作对健康无害。另外大部分毕业生虽然从事的工作有一定危害性，但是都有相应的劳动保护措施。还有 68 人身处对人体有危害且无相应劳动保护措施的工作环境。虽然这个比例只有 3.49%，但就业质量较差，需要重点关注，这种情况无论是从《劳动法》还是从安全角度考虑都是不允许的。这部分毕业生中，有 42 人就业单位为民营企业，从事技术类岗位。从毕业年份来看，2017 年毕业的有 19 人，2018 年毕业的有 18 人，2019 年毕业的有 15 人，2020 年毕业的有 8 人，2021 年毕业的有 8 人，其中 2017 年毕业生所占比例最大，为 27.94%，2020 年和 2021 年毕业生所占比例最小，均为 11.76%。从回收数据可以看出，近几年各用人单位的工作环境是在不断改善的，至少从劳动从业人员健康和安全状态指标上来看，工作环境对人体有危害且无相应劳动保护措施的人数是逐年减少的。

（二）工作关系和谐度

工作关系和谐度具有主观感受性色彩，包括同事关系、上下级关系等工作中需要维护的关系，工作关系的好坏会直接影响工作的积极性。现在进入职场的毕业生都是出生于 1995 年以后的"Z 世代"，个性明显，自我意识强，不善于处理各种人际关系，在衡量就业质量时，本书同样以问卷的形式设置问题。具体统计情况如图 6-4 所示。

工作关系较差，不和谐　　10.48%

工作关系一般，偶有不和谐，但能处理得当　　67.02%

工作关系良好，非常和谐　　22.50%

图 6-4　工作关系和谐度情况

从返回数据来看，L 独立学院的毕业生相比于 Y 大学的毕业生更善于处理各种人际关系，选择"工作关系良好，非常和谐"的毕业生比例相对较高。一般情况下，定位为培养应用型复合型人才的院校，其毕业生普遍情商较高，善于处理各种人际关系，这一点在李涛、李晖等人 2018 年发表的《南华大学独立学院设计类专业学生核心竞争力培养研究》一文中也有提及[69]。一般本科院校 Y 大学和其下 L 独立学院此次被调查对象中有 2/3 比例的毕业生工作关系一般，对工作关系能够处理得当，有 22.50% 的毕业生工作关系良好，非常和谐。另外有 204 人（占比 10.48%）表示工作关系较差，不和谐。在 204 人中，2017 年的毕业生人数为 23 人，2018 年的有 89 人，2019 年的有 45 人，2020 年的有 47 人。2018 年毕业生占比最高，虽然回收样本中每一年的样本数不同，但 2018 年毕业生在此项中的比例还是比较高的。表示工作关系不和谐的毕业生中，有 38 人的周工作时间为 40～50（含 50）小时，46 人为周工作时间超过 50 小时以上。

（三）工作时间与强度

《劳动法》对劳动者的工作时间有明确的规定，规定工作日的劳动时间不能超过 8 小时，周工作时间不能超过 44 个小时，在实际情况中，大部分企业是按照这个规定来执行的，但也有部分企业为了追求更多的利润或在竞争中获得领先地位，员工加班加点的情况经常出现。特别是像一般本科院校 Y 大学和其下 L 独立学院的本科毕业生，大部分毕业生从事的是技术类和一线销售服务类工作，这种加班情况更为普遍。工作时间如果长期超出一定的可承受范围，会给人体健康带来危害。工作时间超出正常规定时间越长，就业质量越低。对此次一般本科院校 Y 大学和其下 L 独立学院的本科毕业生的工作时间调查统计如图 6-5 所示。

```
50小时以上              22.56%
40～50小时（含50）      33.81%
30～40小时（含40）      37.67%
30小时以下（含30）      5.96%
```

图 6-5　周工作时间情况

由图 6-5 可以看出，回收样本中，一般本科院校 Y 大学和其下 L 独立学院 2017—2021 年的毕业生中，有 56.37% 的毕业生工作时长超过《劳动法》规定的工作时长。周工作时间超过 40 个小时小于 50 个小时的为 33.81%，还有 22.56% 的毕业生周工作时间超过 50 个小时。从统计来看，一般本科院校 Y 大学和其下 L 独立学院的毕业生此项指标反映的就业质量情况不理想，超时长工作情况比较普遍。因为培养目标和毕业生所在岗位的关系，这也是一般本科院校的毕业生面临的共性问题。

二、职业发展指标分析

（一）专业相关度

高校毕业生所从事的工作与所学专业相关度可以从一定程度上反映出高校专业设置的合理度与培养目标的达成度。专业相关度能够在一定程度上反映出专业设置是否符合市场的需求。从毕业生自身来讲，专业是其就业过程中的核心竞争力，同时有利于毕业生的职业发展，所以一般来说，毕业生更愿意从事与专业相关的工作。但在实际就业过程中，仍然存在毕业生所从事的工作与专业不对口的问题。通过问卷调查，得到表 6-3 的统计结果。

表 6-3 专业相关度情况

专业相关度	频率（人）	所占百分比
非常相关	456	23.43%
比较相关	437	22.46%
一般相关	351	18.04%
不太相关	228	11.71%
完全不相关	474	24.36%
合计	1946	100%

从调查样本统计可以看出，一般本科院校 Y 大学及其下 L 独立学院 2017—2021 年的毕业生中，有 36.07% 的人从事的工作与所学专业不相关，专业不对口情况比较明显。40.50% 的毕业生从事与专业相关或相近的工作。本次调查中非常相关占比为 23.43%，完全不相关的占比为 24.36%，这与陈星宇在 2018 年对怀德学院的调查情况[70]基本一致，说明专业不对口现象在一般本科院校普遍存在。毕业生从事工作专业不对口，主要有几个方面的原因：一是就业竞争压力大，一些毕业生选择先就业再择业。二是通过大学学习发现，所学专业与兴趣爱好相悖，不符合自己的职业期待，在择业时优先选择与兴趣特长相符的工作。三是与专业相关的工作岗位少，工作环境不好，从而放弃所学专业。从专业培养和毕业生职业发展的角度考虑，专业相关度是就业质量的重要评价指标。

（二）职业吻合度

职业吻合度主要是指毕业生的性格特征、兴趣爱好、知识储备等各方面的综合素质与该职业所需的素质的匹配程度。一般而言，职业吻合度越高，就业质量就越高。面对日益激烈的就业竞争，无奈之下，有一部分忙于就业的大学毕业生采取了"先就业后择业""骑驴找马"的策略，这种情况下的就业，一般其所从事的职业与大学所学专业都相去甚远。这种就业方式保证了大学生较高的就业率，但人职匹配率却因此受到了很大的影响。衡量就业质量时，设置指标需要将主观与客观相结合，职业吻合度就属于就业质量指标中主观性指标之一。对回收样本统计后得到表 6-4 的统计结果。

第六章 大学毕业生就业质量的实证研究

表 6-4 职业吻合度情况

职业吻合度	频率（人）	所占百分比
非常吻合	289	14.85%
比较吻合	464	23.84%
一般吻合	613	31.50%
不太吻合	381	19.58%
完全不吻合	199	10.23%
合计	1946	100%

从表 6-4 的统计结果可以看出，一般本科院校 Y 大学和其下 L 独立学院的毕业生实际从事职业能够符合和接近期待的比例较大，所占比例为 70.19%，但仍然有 29.81% 的毕业生从事职业不符合其职业期待。大部分集中在比较吻合和一般吻合。对于从事不相关职业的大学毕业生来说，其中一些人是因为不喜欢自己的专业而转战其他就业领域，但更多的大学毕业生面对优秀的竞争者很难脱颖而出，碍于生活压力，他们不得不先找一份工作以保障日常生活开销，于是便从事一些销售类、服务类的工作。

（三）培训机会

培训机会无论是对毕业生还是用人单位都有重要的意义。对于毕业生来讲，培训可以提升技能，提高就业竞争力。对于用人单位而言，培训可以提高生产效率和企业凝聚力。培训一般分为入职培训和在岗培训两种。特别是技术类岗位的单位更应该提供充分的培训机会。本次调查中用人单位提供培训机会情况统计如图 6-6 所示。

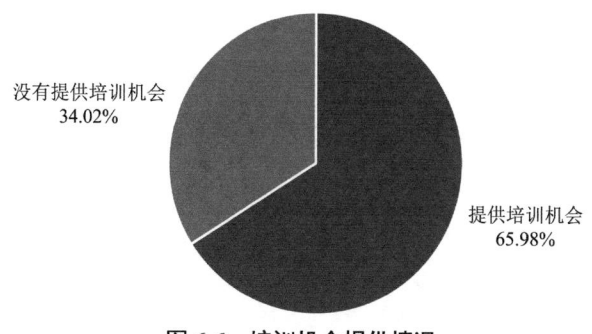

图 6-6 培训机会提供情况

没有提供培训机会 34.02%
提供培训机会 65.98%

从图 6-6 的统计结果可以发现,调查样本中有 65.98% 的毕业生,获得过用人单位为其提供的培训机会,但仍有 34.02% 的人没有获得过单位提供的培训机会。没有接受培训的毕业生中,有 62.06% 的人就职于民营企业。根据统计结果显示,没有接受培训的人数比例中,2019 年毕业生占比为 29.86%,比例较大。

(四)晋升机会

是否有晋升机制、晋升机制是否合理,直接影响到毕业生的职业生涯和收入状况。合理的晋升机制能够起到良好的激励作用。考虑到毕业生的职业发展,必须涵盖晋升机制指标。本次调查中,54.23% 的同学表示用人单位有晋升机制,但毕业生对现有晋升机制并不满意,具体情况如图 6-7 所示。

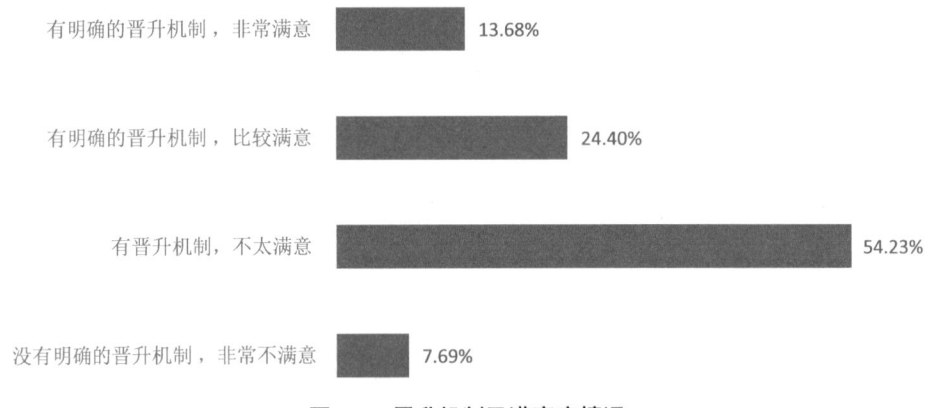

有明确的晋升机制,非常满意	13.68%
有明确的晋升机制,比较满意	24.40%
有晋升机制,不太满意	54.23%
没有明确的晋升机制,非常不满意	7.69%

图 6-7 晋升机制及满意度情况

通过对一般本科院校 Y 大学和其下 L 独立学院的毕业生回收样本进行统计,调查结果集中在用人单位有晋升机制但是毕业生满意程度不高,占比超过一半。一般国有企业都是将资历、年限作为晋升的条件,进入单位 3~5 年都很难有晋升机会,但是民营企业相对灵活,一般本科院校 Y 大学和其下 L 独立学院的毕业生的就业单位以民营企业为主。晋升机制满意度低现象大量存在,会导致离职率高、就业质量下降。

三、薪酬福利指标分析

（一）月收入

月收入是研究就业质量不可或缺的指标，本次调查中的月收入是指工资、奖金、业绩提成、现金福利补贴等所有的月度现金税后收入。近年来，大学毕业生薪资总体呈现上升趋势。

月收入情况统计如表 6-5 所示。

表 6-5 月收入情况统计

月收入	频率（人）	所占百分比
3000 元及以下	248	12.74%
3001～4000 元	309	15.88%
4001～5000 元	524	26.93%
5001～6000 元	506	26.00%
6001 元及以上	359	18.45%
合计	1946	100%

从表 6-5 可以看出，税后月收入在 6001 元及以上的毕业生占 18.45%，5001～6000 元的占 26.00%，4001～5000 元的占 26.93%，3001～4000 元的占 15.88%，3000 元及以下的占 12.74%。很明显，一般本科院校 Y 大学和其下 L 独立学院的毕业生的月收入有相当一部分集中在 4001～6000 元，月收入水平很高。只有 248 人月收入在 3000 元及以下，这部分毕业生大多没有签订劳动合同，或只签劳务派遣合同。对于月收入情况，本书从满意度方面也作了相关统计，调查结果如图 6-8 所示。

从图 6-8 可以看出，2017—2021 年毕业生对月收入满意度很高，比较满意的毕业生占比最高。由此可见，大学毕业生的薪资与预期保持平衡。一般本科院校 Y 大学和其下 L 独立学院的毕业生月收入水平较高，通常情况下，月收入越高，就业质量就越高。

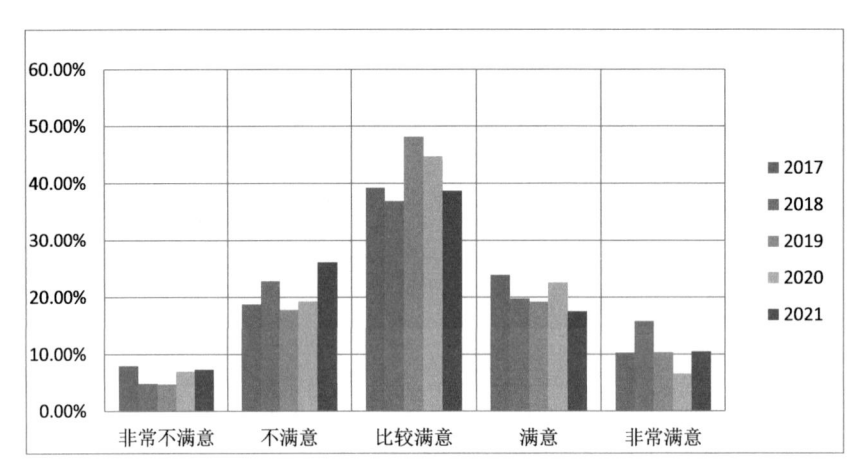

图 6-8　月收入情况满意度调查

（二）社会保障

本书所指社会保障包括单位为职工缴纳的社会保险及住房公积金，是毕业生工作和生活的保障。"五险一金"是现在社会普遍认可的社会基本保障，但通过调查，不是所有的企业都能够为员工缴纳。毕业生所在工作单位缴纳社会保险和住房公积金情况统计如图 6-9 所示。

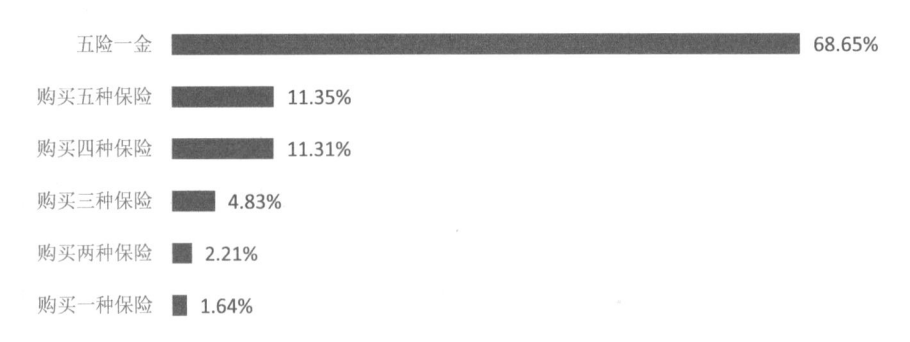

图 6-9　就业保障情况

通过对一般本科院校 Y 大学和其下 L 独立学院近五年毕业生进行调查发现，有1336人享受"五险一金"，占比为68.65%，覆盖率达到三分之二以上。缴纳五种保险而没有住房公积金的比率为11.35%，只缴纳一种保险的有32人，其中2017年毕业的有9人，2018年毕业的有9人，2019年毕业的有 8 人，2020 年毕业的有 6 人。企业只为毕业生缴纳一种保险，只有医疗保险的情况最多，有 12 人，占总体的 37.50%；只有工伤保险的有 6 人，占比为 18.75%；9 人只有养老保险，占比 28.13%；只有失业保险的有 3 人，占比 9.38%；另外还有 2 人只有生育保险，占比 6.25%。

四、平等就业指标分析

平等就业指标是本书根据一般本科院校毕业生在就业过程中遇到的歧视情况设置的特色指标，在就业过程中有相当一部分企业，特别是一些大型国有企业，根本不给一般本科院校毕业生就业机会，直接将一般本科院校毕业生拒之门外，即便有一些企业勉强录用，也是以劳务派遣形式同毕业生签订劳务派遣合同。这种歧视一定程度上影响了一般本科院校毕业生的就业质量，所以单独列为一般本科院校毕业生就业质量指标设计问卷进行统计。

（一）机会平等

本书通过在就业过程中是否因是一般本科院校毕业生而受到歧视来衡量机会平等就业质量指标，统计结果如图 6-10 所示。

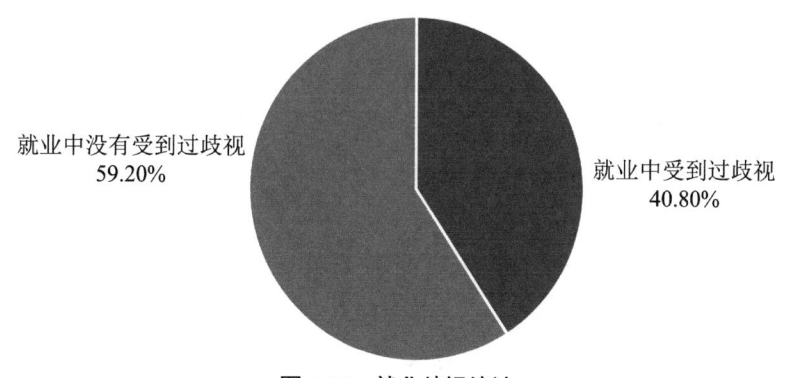

图 6-10 就业歧视统计

统计结果显示，被调查对象中有 39.92% 的毕业生在就业过程中因是一般本科院校毕业生而受到过歧视。本次的调查对象是一般本科院校 Y 大学和其下 L 独立学院的毕业生，一般本科院校 Y 大学和其下 L 独立学院的毕业生在河北省内一直以来综合排名比较靠前，但是仍然有接近五分之二的毕业生在就业过程中因为毕业于一般本科院校而受到歧视，足以说明现在社会对一般本科院校的歧视程度非常严重，属于普遍存在的现象。女性毕业生在就业过程中除受到院校层次歧视之外还会受到性别歧视，回收数据中有 68.32% 的女性毕业生表示受到过性别歧视。在对统计结果进行分析时，本书进一步统计 2017—2021 年毕业生遇到歧视的数据，首先看院校层次歧视，发现五年间这种歧视的程度总体上是呈现上下波动趋势的，图 6-11 的统计结果显示，从 2017 年的 44.24% 到 2019 年的 38.58%，下降了 5.66 个百分点。从 2019 年 38.58% 到 2021 年 41.46% 又有回升趋势。性别歧视从 2019 年以后直线下降。

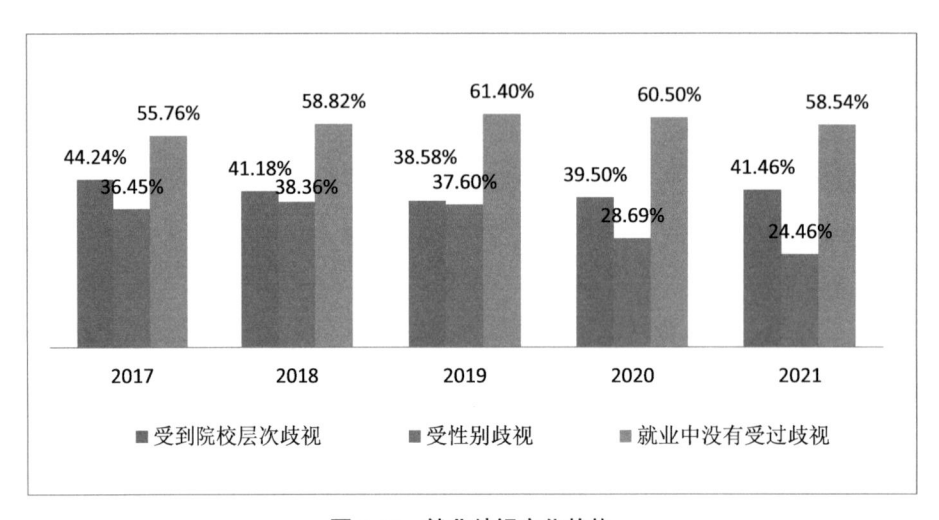

图 6-11　就业歧视变化趋势

（二）劳动合同

劳动合同可以保障劳动者的合法权益，保持劳动关系的稳定。

被调查对象中有 21.99% 的毕业生与用人单位签订了 3～5 年的劳动合同，46.25% 的毕业生与单位签订了 2～3 年的劳动合同，还有 18.09% 的毕业生签订的是 1 年的劳动合同。签订正式劳动合同的覆盖率为 86.33%，剩余 13.67% 的毕业生并没有与单位签订正式的劳动合同，其中有 120 人（占比约 6.17%），未与单位签订任何劳动合同，146 人只与劳务公司签订劳务派遣合同。

第六章 大学毕业生就业质量的实证研究

企业录用毕业生时,签订劳动合同的方式和年限是否能够一视同仁也决定了就业质量的高低(见表6-6)。

表6-6 劳动合同签署情况统计

签约方式	频率(人)	所占百分比
正式3~5年劳动合同	428	21.99%
正式2~3年劳动合同	900	46.25%
正式1年劳动合同	352	18.09%
劳务派遣合同	146	7.50%
无劳动合同	120	6.17%
合计	1946	100%

从图6-12可以看出,一般本科院校Y大学和其下L独立学院的毕业生正式3~5年劳动合同的签约量总体呈下降趋势,从2017年的22.90%下降到2019年的20.45%,直到下降到2021年的12.62%。正式2~3年劳动合同的签约量呈上升趋势,从2017年的13.33%增长到2021年的25.56,劳动派遣合同在2017—2021年间上涨了近12个百分点,但2019—2021年三年间上涨速度最快。劳务派遣合同一般是在用人单位有明确规定无法直接录用一般本科院校毕业生的情况下,而通过派遣公司与毕业生签约的一种新形式。这种形式往往导致毕业生权益的不平等,从而降低就业质量。

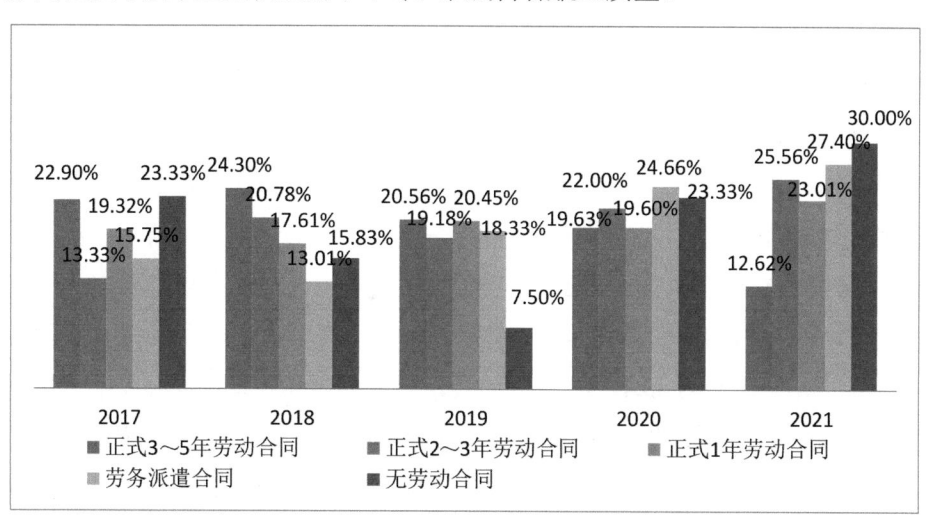

图6-12 劳动合同签署情况变化趋势

五、就业稳定性指标分析

就业稳定性，是指大学毕业生就业后在某一职业职位上持续的时间状态，即通常所说的大学毕业生跳槽问题。现在社会是一个变动的社会，大学毕业生跳槽已不足为奇，一方面体现出市场经济的活力和大学生勇于挑战的勇气，另一方面也表明了大学毕业生盲目就业、就业稳定性差的现状。同样是跳槽，但结果却往往大相径庭。一部分大学毕业生跳槽后，得到了更高的薪酬待遇和更合适的就业岗位。相反，更多人随意跳槽后并没有给自己未来职业发展带来利益，甚至是给再次就业带来不利因素。本书通过毕业生工作变更情况来考察就业稳定性指标，具体统计如表6-7所示。

表6-7 工作变更情况统计

工作变更情况	频率（人）	所占百分比
第1份	1118	57.45%
第2份	506	26.00%
第3份	172	8.84%
3份以上	150	7.71%

大学生刚参加工作时，大多急于实现自己的梦想，总想找到一个能充分施展才华的平台。可能是把未来构思得太过于美好，而现实与理想又有一定的差距，所以很容易在过一段时间后萌发跳槽的念头。很多人选择跳槽试图改变现状，而有的人跳了一次之后，渐渐地把跳槽当作一种习惯。盲目地跳槽，并不能从实质上解决问题。表6-7显示，一般本科院校Y大学和其下L独立学院的毕业生大部分未更换过工作，占被调查总人数的57.45%，更换过一次工作的占26.00%，现从事工作为第三份及以上工作的占8.84%。从毕业年份考察，毕业半年的2021年毕业生未换过工作的比例最大，毕业五年的2017年毕业生未换过工作的比例为43.44%，总体情况是毕业年份越长稳定性越差，这种情况与事物的自然发展规律相符。时间拐点基本是毕业第三年，这与大部分单位与毕业生签订三年劳动合同关联性较大。具体情况如图6-13所示。

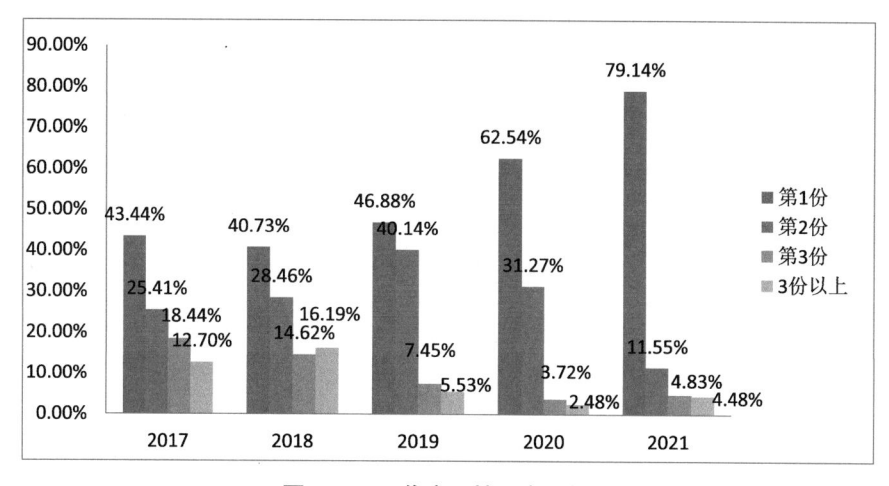

图 6-13　工作变更情况变化趋势

六、就业满意度指标分析

就业满意度属于综合性的评价指标，同时也属于主观评价指标，一般情况下，将毕业生综合就业质量的各项指标综合考虑，最后确定就业的最终满意度，满意度越高说明就业质量越高。一般本科院校 Y 大学和其下 L 独立学院的毕业生就业满意度统计情况如图 6-14 所示。

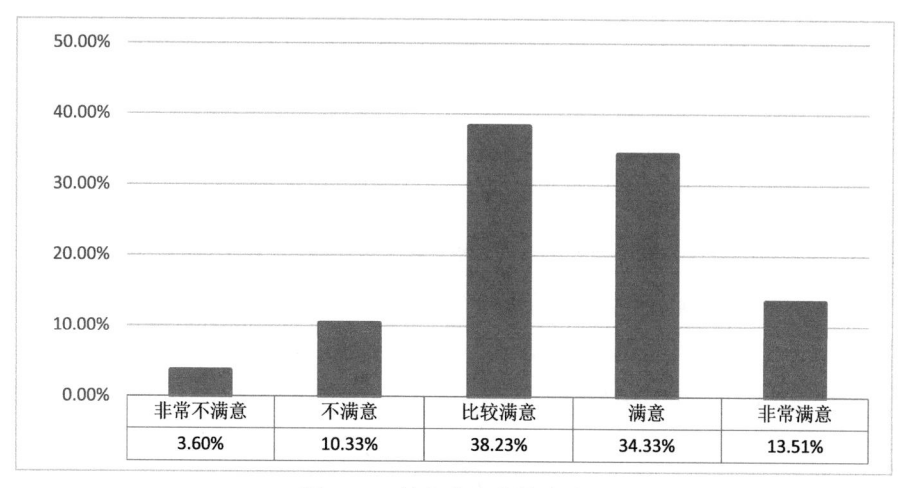

非常不满意	不满意	比较满意	满意	非常满意
3.60%	10.33%	38.23%	34.33%	13.51%

图 6-14　就业满意度情况统计

从图 6-14 可以看出，表示非常不满意的比例为 3.60%，不满意的占 10.33%，整体满意度是 86.07%。大多数人表于满意和比较满意。在此基础上本书采用李克特量表法对满意度进行采集，非常不满意 1 分，不满意 2 分，比较满意 3 分，满意 4 分，非常满意 5 分。2017—2021 年毕业生就业满意度如表 6-8 所示。

表 6-8　满意度情况统计

毕业年份	最高分	均值（分）
2017	5	3.38
2018	5	3.70
2019	5	3.60
2020	5	3.48
2021	5	3.58
合计	5	3.57

采用李克特量表将回收样本数据分析后，发现总体的就业满意度得分为 3.57，其中 2017 年毕业生的整体满意度最低。整体来看，一般本科院校 Y 大学和其下 L 独立学院的毕业生对就业质量的满意度一般。初次就业的毕业生中，很大一部分对就业的满意度不高，甚至许多学生只是临时就业，并未作长远打算。最近有人提出"大学生就业难，难就难在满意度"的观点，引发了大学毕业生的共鸣。事实上，大学生找一个普通工作应该并不是什么难事，但关键在于这个岗位各方面待遇是否能让大学毕业生满意并接受。而且，现在的大学毕业生大部分为"95 后"和"00 后"且是独生子女，属于"Z 世代"人群，是有个性的一代人，他们在我国经济发展最迅速的时期成长起来，在较好的社会环境下享受到了良好的物质条件和精神条件，所以他们的职业观跟传统的职业观会存在很大的差异。他们可能对工作的要求会更高，对自我价值实现、自我未来发展的要求更全面。那么，要想找到让他们满意的工作，难度无疑会更大。

七、就业质量总体情况

根据上一章表 5-11 确定的评分表，综合问卷相应就业质量指标回收数据计算得出一般本科院校 Y 大学和其下 L 独立学院 2017—2021 年毕业生就业质量得分情况，如表 6-9 所示。从表中可以看出，2017—2019 年毕业生的就业质量总体得分保持在 83 分以上，2019 年就业质量得分最高，2021 年就业质量得分最低，总体的发展趋势是比较平稳的，但 2021 年整体下滑。这就需要我们从就业指标中去找到就业质量存在的问题及产生下滑的原因。

表 6-9 一般本科院校 Y 大学和其下 L 独立学院的毕业生就业质量得分表

毕业年份	就业质量得分
2017	84.88
2018	85.85
2019	86.92
2020	84.68
2021	83.97

第三节 就业质量影响因素实证结果分析

一、就业质量影响因素实证数据

在本次调查中，问卷的最后一部分采用李克特量表法对影响就业质量的因素进行了题目设置。从国家、家庭、学校和毕业生 4 个层面选取 20 个影响因素进行调查，按照各因素对就业质量影响的重要程度采用 5 点计分法，按照重要程度由 1 到 5 逐渐增加。非常不重要 1 分，不重要 2 分，比较重要 3 分，重要 4 分，非常重要 5 分。得到统计结果如表 6-10 所示。

表 6-10 影响因素统计情况

影响因素	最低分	最高分	影响程度
国家政策	1	5	3.42
社会岗位供需比	1	5	3.97
生源地	1	5	3.02
父母干预度	1	5	2.94
家庭资源	1	5	3.43
师资力量	1	5	3.58
专业主干课程内容	1	5	3.66

（续表）

影响因素	最低分	最高分	影响程度
院校认可度	1	5	3.64
职业指导水平	1	5	3.42
校友资源	1	5	3.68
专业类别	1	5	3.65
职业生涯规划	1	5	3.79
就业观念	1	5	3.70
应聘技巧	1	5	3.80
性别差异	1	5	3.59
政治面貌	1	5	2.23
大学成绩	1	5	3.56
英语水平	1	5	3.67
计算机水平	1	5	3.78
实践动手能力	1	5	4.20

由表6-10毕业生评价影响因素的统计数据可以看出，对一般本科院校Y大学和其下L独立学院的毕业生就业质量影响最大的因素是实践动手能力。影响程度比较高的是社会岗位供需比、应聘技巧、职业生涯规划、院校认可度及专业类别。不重要的因素是生源地、父母干预度和政治面貌。性别差异与其他因素相比对就业质量的影响程度并不大。

二、就业质量影响因素访谈案例

通过对调查数据的分析，并结合就业工作开展中出现的情况，一般本科院校Y大学和其下L独立学院的毕业生就业质量还存在就业歧视现象普遍、专业对口率低、用人单位用人不科学、毕业生职业规划欠缺等问题。为进一步了解就业质量影响因素，为解决对策的提出提供现实依据，本研究在回收调查数据的基础上与学生进行了一对一的访谈。现选取三位毕业生的访谈案例，希望通过访谈法更深层次地探究就业质量影响因素。

案例一：

男25岁　民营企业员工　工作1年半　Y大学本科毕业　父母都是国企

第六章 大学毕业生就业质量的实证研究

员工

我的专业是电气工程及其自动化,毕业以后考了一年公务员没考上,然后才应聘现在公司的。公务员考试时我的笔试成绩不错,但面试以后感觉一般,名次也比较靠后,当时很不甘心还想再继续考一年,因为上学的时候就一直想考公,以为这样会相对稳定些。为了考公大三的时候我就入党了,但我父母想让我找工作,说在公务员招考方面家里没有资源,面试方面也帮不上我,所以就给现在的公司投了简历。正好这家公司的招聘主管是我们学校前几年的毕业生,是我的学长,我们是在学校社团认识的,后来一直都有联系,偶尔聊天的时候学长问我在干什么,我就把考公失败的事情告诉了他,他说他们公司正好在招聘,待遇还不错,跟我的专业也对口,我就去了。

现在对工作状态还算满意吧,工作环境肯定没有公务员好。现在我经常要进车间,进行技术检修,售后服务也会涉及,出差比较正常,但是工作待遇还不错,除了工资以外,年底还有项目分红,攒几年钱然后家里再资助一部分,基本能在工作的地方买房付首付了。现在从事的工作能用到学校学的知识,主要是一些基础知识,跟电工相关的用得多些,专业课方面的知识当时在学校的时候学得一般,不挂科就知足了,后来大部分都忘记了,但是现在还有基础,所以学起来也不难。英语还是会用到的,当时学位证与六级不挂钩所以没考六级,四级过了,后来到单位以后,设备说明书全是英文的,有国外对接项目的时候得用英文写邮件,对方发过来的邮件也得能看懂,学校学的英语知识基本够用,但一些专业词汇是上班以后学到的,用得多了就会了。至于四、六级证书我在应聘的时候要求最好六级,没过的话,考过有成绩,成绩差不多的也录用。计算机水平要求不高,基本的发送邮件、编辑文档就行,用得不多。我们这个岗位对计算机的要求很基础,咱们学校毕业生都能达到要求。主要是动手能力得强,沟通交流能力要有,因为有时候要跟项目负责人对接,也要跟领导汇报。工作时间不定,要是出差了就一直得工作,为了赶进度有时候夜间也得干,工作时间太不规律了;不出差的时候就是正常上下班,比较规律。公司租房了,四人住一起,两居室的,一屋两人。工作的地方在郊区,离住的地方不远,上下班也挺方便的。平时吃食堂，不贵；出差自己吃，有补助。工作以后遇到的最大的问题是欠缺实践动手能力，学校里安排的实习大多属于观摩，动手机会很少，这种进入车间自己动手的机会几乎没有，所以进来以后有一段时间不适应。找工作最大的感触就是父母资源和校友资源挺重要的。当然还需要有专业、有学历，我们公司研发部门的都是研究生，工资要比我高一些，工作环境要更好一些，不用总出差。

上述案例中，该毕业生的专业为电气工程及其自动化，从事的工作与专业对口，大学期间有明确的职业规划，但职业规划遇到现实情况时，做到了及时转变思路更改规划，懂得变通；在找工作过程中校友资源给予了很大的帮助；从考公失败的事情也可以看出，家庭资源和家庭教育对就业有一定的影响。良好的英语水平为求职加分，也会让工作更得心应手；工科专业就业对动手实践能力要求很高，大学所学专业知识虽然跟不上社会的发展，但基础部分是永远不变的，有了基础更有利于后期业务水平的提高。学生感到对就业质量不太满意的方面主要有工作环境相对不够舒适、经常出差、工作时间不规律。

案例二：

男26岁　　互联网公司员工　　工作2年　　L大学本科毕业　　父亲经商、母亲无业

我的专业是计算机科学与技术，毕业以后通过校园招聘进入现在的公司，一直工作到现在。想过换工作，但是没有合适的，也没时间找合适的。"996"的工作真是挺累的，没有业余时间。我当时的就业过程比较曲折，这可能也是我现在没有勇气换工作的原因吧。进入大四以后我投了好多份简历，基本没有回复我的，也不敢主动跟单位联系，还是因为面子吧。当时同学说找工作就要有"不要脸"的精神，我承认我确实没有，后来班里除了一心考研的同学之外，大部分同学都落实工作了，当然还有一部分同学不想毕业就找工作，我当时比较尴尬，心里也比较着急。有一次我们辅导员让我去学校的专场招聘会看看，我当时没看上这家公司，因为我一直想去北京工作，而这家公司在石家庄，但是辅导员都说了，我也就去了。当时听了单位的宣讲，投

了简历，也就没再关注了，第二天早上没起床就接到单位的面试通知了，很惊讶也很纠结要不要去面试。问了辅导员，他说公司很好，每年都来学校开展校招活动，所以我想了想也就去了。面试环节非常顺利，接下来就是笔试。因为除了学校课程外，大学期间我还自费学了编程，所以笔试环节对我来讲也没有什么难度。最后被录取了，我跟家里商量，家里说不太懂，让我自己作决定就好。因为多次受挫，最后不想再找了，也就跟这家公司签约了。现在工作待遇还可以，就是累，加班是常事，很少有不加班的时候。还得不断学习，干我们这行的学习是每天的必修课。我到现在还没有女朋友，没时间谈恋爱，公司的女同事也很少，公司组织过联谊，也没遇到合适的。现在没有买房打算，因为这个工作应该不能一直干下去，如果有机会还是想去北京。现在从事的工作很少用到学校学的知识。主要是学校当时教的早被社会淘汰了，后来自己花钱学的还能用到一些。这个工作对英语水平要求挺高的，不过我目前的词汇量也够用了。单位不提供住宿，跟同事一起租的房子，三个人一起租了一套三居室，回去基本就是睡觉。吃饭点外卖的时候多，中午单位有工作餐。工作以后业务方面没有遇到太大的困难，但最大的挑战是要不断地学习、学习、再学习，知识更新太快。找工作最大的感触就是要脚踏实地，学校提供的就业资源成功率更高，找工作时应聘技巧还是很重要的。对当时学校的职业指导课没有太大印象了，好像当时老师也没讲太多内容，也或者当时还不需要所以没有认真听。

  此案例中，该毕业生的专业为计算机科学与技术，从事的工作与专业完全对口；大学期间虽然没有明确的职业规划，但除学校的专业知识以外，该毕业生主动与社会对接，学习了编程课程。开始求职不顺是因为眼光太高，没有通过职业指导课学到求职方面的知识，对自己定位不准；舍弃了校园招聘向大公司投递简历，均无果，这可能与知名企业招聘门槛较高有很大的关系，不然也不会得不到任何面试的机会。工作中同样要用到英语，学校学到的知识在工作中用得比较少，对现在的工作不是非常满意，同样是高薪带加班的工作模式，就业质量不高。在求职中向往大城市，这属于就业观念方面的；遇到挫折时能及时调整；在学校学到的求职技巧比较少。

案例三：

女 23 岁　教师　工作半年　Y 大学本科毕业　父亲在银行工作、母亲是教师

我的专业是汉语言文学，来学校招聘的大多是要工科专业的学生，招聘我们专业的实在是太少了，来招聘教师的也大多是衡水那边的民办学校，我本身不想去民办学校，所以这种招聘会参加得少。因为家里有人是教师，所以上学的时候就了解了一下，把教师资格证考下来了，想以后也从事教师这个工作。现在大学老师都要求博士毕业，咱们这个学历是不用想了，所以也就是初高中老师还有希望。正好老家中学在招聘，所以就通过考试进来了。教师考试的内容跟大学学的相关，但更多的是像公务员考试那种申论和行测的知识。我考的是语文教师，专业方面还是挺有优势的，当时大学学得也比较扎实，平时自己读的相关书籍比较多，文学、历史等方面的都有涉猎，这在我日常的教学工作中帮助很大，孩子们很喜欢听我拓展一些课外知识。现在的工作带给我更多的是成就感吧，毕竟我们的工资实在不多，压力也挺大的，中国的应试教育最终看的还是分数，所以每天需要面对的就是如何提高学生们的分数。今年学校让我还担任一个班的班主任，当班主任压力很大，除了备课、讲课、批改作业外，还要管理班级、抓班级建设、组织活动。选这个职业主要还是因为稳定，尤其受疫情影响，同学们也都求稳，好多同学考研、复研或者考公，想进企业的比前几年少了，家里也不希望孩子去太远的地方就业，回家不方便。就业感触就是在理工院校的文科生就业机会真的很少，相对没有就业竞争力，所以需要在大学期间丰富自己，多学一些知识，不然找工作真的很难，现在我们专业好多同学还没有落实工作。

该毕业生的专业为汉语言文学，从事的工作与专业对口，大学期间有明确的职业规划，将需要具备的相关证书了解清楚，并努力通过考试；除学校的专业知识以外，在知识广度方面也主动拓展，所以求职过程非常顺利。大学期间所学知识为现在的工作提供了很大帮助，工作得心应手，虽然压力大，但是有成就感，工作稳定性好，该毕业生对现在的工作比较满意。在访谈的过程中还了解到，相比于工科，文科专业同学选择考公、考研的比例要高很

多，一方面是因为企业提供给文科专业学生的工作机会比较少，另一方面也是因为文科专业学生就业以后薪资水平不高，没有核心竞争力，容易被替代，所以文科专业毕业生对于工作的稳定性更加在意。

访谈的案例不只于此，这里不便一一详述。综合上述访谈案例以及其他案例，发现不同条件的毕业生，影响其工作的因素是不同的，既有专业、学历、英语水平、求职技巧等这些人力资本因素，也包含校友资源、家庭资源等社会资本因素；既有来自毕业生本人的内在因素，也有来自社会、家庭、学校和用人单位的外在因素。这些因素不是独立地去影响大学生的就业质量的，而是互为因素、互相影响。

三、就业质量影响因素归因分析

在影响因素调查中，包括外在因素和内在因素。其中外在因素包括社会、家庭、单位和学校因素，通过调查发现在这些因素中，排在首位的是社会岗位供需比，其次是一般本科院校认可度，国家政策和学校开设专业课程内容同样具有相当大的影响。随着各大高校的不断扩招和国家经济发展放缓，有效社会岗位的增长速度明显赶不上毕业生人数的增长速度。在岗位供给不足的情况下，用人单位在人才筛选时占据主导地位，自然会提升岗位要求，形成一种岗位竞争环境，不管什么样的岗位只要能录取研究生就不要本科生。一般本科院校 Y 大学和其下 L 独立学院的毕业生虽然在全国一般本科院校中排名比较靠前，但毕竟属于一般本科院校，生源大部分来自河北省内。河北省外特别是南部地区用人单位，对一般本科院校 Y 大学和其下 L 独立学院的毕业生了解较少，对一般本科院校 Y 大学和其下 L 独立学院的毕业生缺乏正确、客观的评价，认可度较低。所以学校认可度低也会直接影响毕业生就业质量的提高。在毕业生访谈中，部分毕业生表示，在就业过程中一些类似于院校层次、性别等就业歧视现象，国家促进就业政策根本没有起到指导和干预作用。还有一部分毕业生表示，学校开设的主要专业课程内容陈旧，与社会脱轨，并不能提高就业竞争力。这些方面都是影响一般本科院校 Y 大学和其下L独立学院毕业生就业的外部因素。内在因素主要是指毕业生的能力素质以及一些主观就业思想观念，在竞争激烈的就业市场上，就业主体的个人能力和综合素质是影响就业质量的重要因素。

通过调查发现，一般本科院校Y大学和其下L独立学院毕业生认为影响就业质量最重要的因素是实践动手能力，同时对就业质量影响比较大的内在因素还有应聘技巧。此项调查完全来自毕业生的反馈，体现的是大多数同学在就业过程中所面临的问题，这一数据的获得充分说明现在社会对实践动手能力的要求更高。

本部分将从毕业生、高校、用人单位、家庭和政府5个方面具体分析，希望能使结果更清晰、更有针对性。

（一）毕业生自身方面

从一般本科院校Y大学和其下L独立学院的毕业生调查数据反馈与访谈结果来看，毕业生自身的学历、实践动手能力、应聘技巧、英语水平、计算机能力、就业观念等在就业质量的影响因素里重要程度都是排在前面的，也就是说这些因素是导致就业质量问题的原因，具体分析如下：

1. 缺乏对职业生涯规划的重视，毕业生职业目标模糊，职业准备不足

正确的职业规划对提高自我竞争力有积极的作用，能够促使大学生明确职业发展的目标和方向，帮助大学生在学习中抓住工作重点，为既定目标而努力奋斗。但有相当一部分大学生对自己未来的发展方向一片迷茫。一般本科院校Y大学和其下L独立学院开设了职业生涯规划相关的课程，所以毕业生在大学期间对职业生涯规划是有所了解的，只是职业生涯规划一直未得到毕业生的重视，这门课程的开设也没有达到预期的效果。首先，因为很多大学生职业规划的意识相对薄弱，没有认识到职业生涯规划对自身未来职业发展的重要意义，很多毕业生甚至是直到大四面临就业时，都没有作职业生涯规划。其次，很多大学生对于职业生涯规划只注重短期规划，没有把眼光放得更长远些。很多大学生在职业生涯规划时没有做到统筹兼顾，只注重个体兴趣爱好，很少考虑就业形势和就业市场的需求。这种片面的职业生涯规划，

往往没有可行性。最后，职业生涯规划不仅是个长期的过程，还要通过反复的实践才能真正得以实现。很多大学毕业生对于职业生涯规划的实践操作较少，对于外部就业环境了解较少，在实施过程中，遇到困难挫折，容易全盘否定已制定的职业规划，从而前功尽弃。大学生对职业生涯规划不重视、职业生涯规划质量不高，严重影响了大学生就业和未来的职业发展。

一方面，通过访谈案例可以发现，案例中的毕业生对就业有想法也是自己或者家长的就业观念，而没有在大学期间在目标和方向方面作相应的职业准备，不了解社会的需求。同时我们也可以看到，上面案例中有明确职业生涯规划的毕业生具有的共性特质就是在大学期间就有所准备，或考取相应证书，或学习相关专业知识，对比自己和目标之间的差距，然后进行补充，在遇到困难的时候也能及时转变思路。而没有规划的毕业生在面对竞争激烈的就业市场时，常常会因个人能力和综合素质达不到社会需求而失败。另外，有些毕业生参加校园招聘的次数少，一般本科院校Y大学和其下L独立学院的专场招聘会无人问津现象时常会出现，这就造成毕业生缺乏应聘技巧，在就业岗位竞争中没有优势，发挥不出应有的能力，造成就业机会的浪费，同时影响毕业生顺利就业。

另一方面，每年的毕业季一般本科院校Y大学和其下L独立学院的就业部门都会收到来自毕业生的咨询，这些问题排除就业手续办理咨询之外，被问及最多的就是职业规划。相当一部分同学职业目标模糊，没有职业规划，表现为一种"跟风"状态。例如同一宿舍不管学习成绩如何全部考研；或者同学之间盲目比较工资高低，因为签约单位工资不及其他同学而出现与用人单位违约的情况。对于一名大学生而言，首先要根据个人实际情况有明确的定位，想要向哪方面发展，以后要做什么样的工作，理想的薪资待遇是多少，专业对应岗位有哪些，都要提前规划好，大学期间要努力达到自己的预期目标。特别是L独立学院与Y大学相比毫无优势，加之没有职业规划、职业目标模糊，在激烈的就业市场竞争中就会比较被动，往往是毕业季面临找工作的时候，他们才真正地感觉到学习和规划的重要性，才意识到综合能力的缺失为时已晚。有些毕业生对学校就业工作、招聘信息不关注，没有目标就不知道什么才是适合自己的,当好的就业机会出现时,常常会因为没有相应的知识储备而错失良机。

2. 轻视实践环节,实践动手能力较弱

实践能力,是指大学毕业生运用所学专业知识解决实际问题的能力。目前,各大高校都会组织各种各样的实践活动来帮助学生提高动手能力,包括勤工助学、寒暑假社会实践等活动,通过实践活动来了解社会。同时,大学生也可以利用自己的课余时间和假期,寻找合适的实习机会。即便如此,大部分大学生还是没有意识到参加各种实践活动对提高就业能力的重要意义,对于学校组织的实践活动持不主动、不积极的态度,对于在校外实习则是敷衍了事。如今,综合能力强、能力多样化的毕业生是用人单位所需要的,实践技能已经成为招聘时优先考虑的条件。用人单位希望看到大学毕业生入职后能够得心应手地处理实际问题,而不是只知道理论公式,没有实际动手操作能力。

现在"Z世代"群体的学生基本都是独生子女,处于家庭的中心地位,独立性以及动手能力较差,不愿意到基层就业。但是当前经济新常态下,产业结构调整,实际上是对大学毕业生的就业能力提出了更高的要求。为了能够适应社会需求,大学生需要对当前的人才需求有深刻且具体的认知,能明确经济新常态下大学毕业生就业的要求和所需具备的就业能力,这样才能找到适合自身的岗位并顺利就业。

(二)高校方面

1. 专业教学内容陈旧

高校人才培养模式单一,缺乏对人文素质的培养。大学是国家为了加强人才培养而进行的大众化教育。教育的多元化是现阶段高校教育的重要表现形式,需要高校根据自身特定的学生群体制定出多层次、多类型的人才培养模式。然而,在现实生活中,高校的培养模式严重脱离实际,往往千篇一律,根本无视学生的个体差异性,无视专业特点。众所周知,共性是基础,个性是特色,有个性特色的社会才会充满生机。现在的大学教育的特点是重基础少特色。千篇一律的高校培养模式会造成部分学生不能正确认识自我，不能充分发挥主观能动性，从而影响了大学生就业质量的提高。在教学内容上，有一部分教材资料陈旧，概念原理占很大比例，实际操作技能比例较小，培养的学生自然难以达到用人单位的要求。在教学方式上，教师一味地灌输理论知识，这种传统的教育手段培养出来的大学生走上工作岗位后就业竞争力较弱。随着高校的扩招，办学规模急剧膨胀，师资队伍的发展却相形见绌。教师队伍的主体大都缺乏实践经验，教师的创新精神得不到培养，教学内容单调，教学方法死板，这种教学方法培养出来的大学生动手能力差，无法满足就业市场需求，严重地影响了教育质量。

2. 就业指导工作未达到预期效果

高校对就业指导的重视度不够，达不到预期的效果。教育部在 2007 年印发了《大学生职业发展与就业指导课程教学要求》，要求从 2008 年开始，所有普通高校都要开设职业发展与就业指导课程。当前国内各个高校的职业生涯规划教育工作的开展仍处于外力推动下的初级发展阶段。由于我国职业生涯规划教育起步晚，现在只是借鉴西方国家经验，理论研究不够深入，整个高教系统内缺乏职业生涯规划教育的整体性思考和顶层设计，大多数高校是在政策要求或者学生提出明确需求的情况下，被动地开展教育，而不是内部结合形势自觉、主动地开展教育，大学生职业生涯规划教育效果甚微。目前很多高校在就业指导理念上仍然存在着一些误区，主要表现为对开设就业指导课程的意义认识不到位，这将阻碍就业指导课程作用的发挥。而高校历来重招生而轻就业，就业指导课程的设置大多归为选修课范围，这无疑给学生造成了一种就业指导教育可有可无的错觉。而且高校对就业指导课程在师资力量、学分分配以及课程建设等方面都没有详细的规定和保障，因此课程受到长期的忽视。多数高校把就业指导对象仅仅锁定为应届毕业生，且只在大四学年开设就业指导课程，这完全违背了全程化的就业指导服务宗旨。

就业指导师资队伍水平参差不齐。就业指导作为一门新兴学科，其就业指导师资队伍建设仍然不完善。一方面，就业指导课在高校刚刚起步，就业指导课教师严重缺编，但高校毕业生人数却急剧增加，因此高校就业指导人员匮乏，显然满足不了大学毕业生对就业指导的需求。另一方面，就业指导教师的专业素养还有待提高。当前各高校就业指导教师多为兼职人员，主要是学生工作系统的辅导员或行政人员，专业化程度普遍不高。他们中大多没有经过正规的学习和专业的培训，且缺乏稳定性，流动性较大，不能长期担任就业指导工作，导致其就业指导缺乏实践性，难以保障就业指导的效果。

就业指导的内容缺乏针对性和实效性。虽然关于大学生就业指导的书籍很多，但有的侧重于理论研究，有的侧重于实践指导，每本指导书的侧重点都不同，相应的理论体系建设还不够系统化，就业指导课程内容还需实践证明。理论讲解得多，实践教学得少，这些现象在高校的就业指导课中非常普遍。目前，大学生就业指导工作将重点主要集中于就业形势分析和市场需求变化等动态课题，然而这些问题的回答无论是讲授课还是讲座咨询都是泛泛而谈，具有大众化的特点。对不同专业、不同类别、不同需求的学生不能进行深入的了解和研究，缺乏个性化指导。

（三）用人单位方面

1. 用人单位的用人机制有待完善

用人单位的人才配置不合理，影响了大学毕业生的就业质量。当前，我国大毕业学生就业市场秩序仍然不是特别规范，这给高校毕业生就业造成了一定的困扰。用人单位规模有大有小，相对较小的用人单位不分工作门类，对人才的配置能力稍低，相对较大的用人单位对人才配置能力相对较高，但是二者对大学生的配置都比较零散，没有做到系统化。在人才配置过程中，不能做到各施其能、各尽其才，没有将大学毕业生的才能发挥到极致。用人单位的人才配置不合理导致有些大学毕业生一人身兼数职或从事一些低能力的劳动，无法发挥自我才能。一些规模较小的企业没有明确的人员晋升机制，企业内部缺乏一定的公平性和公开性。在许多就业领域，"靠关系，走后门"现象十分常见，这种竞争不平等的现象造成社会人才大量流失，在一定程度上影响了大学生的高质量就业。访谈中发现，部分单位要么不和毕业生签合同，要么签订的合同有效期极短，一方面导致了人才的流失，另一方面也导致大学毕业生就业稳定性差。民营企业大都规模较小、起步较晚，还没有形成系统的工作规章制度和晋升制度，对新员工不进行培训，致使许多新来的员工很难在较短的时间内适应工作内容。

一般本科院校Y大学和其下L独立学院毕业生的主要就业去向是民营企业，这类单位没有国家财政支持，相比于国有大中型企业更加会将经济成本放在首位。人才的"拿来主义"尤其明显，用人单位认为毕业生入职以后就应该马上为企业创造经济效益。但事实上，毕业生刚刚迈入社会，往往缺乏相应的工作经验，需要一定的时间从学生过渡为劳动者，适应工作环境也需要过程。一些用人单位往往不重视毕业生的培养和培训，单纯地为了经济价值加班加点工作。通过分析调查问卷回收数据发现，一般本科院校Y大学和其下L独立学院毕业生的平均工资水平较高，调查中税后工资在5001～6000元的占26.00%，但有34.02%的人没有获得过单位提供的培训机会，54.23%的毕业生表示用人单位有晋升机制，但对现有晋升机制并不满意，有22.56%的毕业生周工作时间超过50个小时。在访谈中很多从事技术类职位的毕业生表示时有加班情况出现，加班多少与工资高低成正相关。单位内部缺少系统的人才培养机制，培训的机会少，员工成长空间不足，毕业生才华得不到施展，这些在一定程度上阻碍了毕业生就业质量的提高。

2. 招聘过程中存在就业歧视

用人单位招聘时存在就业歧视现象。市场经济制度下的就业市场要求公正、平等的就业环境，而就业歧视却与之背道而驰。目前，性别歧视、院校歧视、学历歧视等问题在大学毕业生就业过程中屡见不鲜。由于女性要兼顾工作和家庭，用人单位为了节省附加成本，在同等条件下更偏向于男性求职者。很多单位招聘要求求职者有当地户籍，虽然是出于对就业稳定性的考虑，但这样的要求在一定程度上使得非本地户籍的大学生就业难度增加。还有些单位在招聘标准上明确表示招收"两年以上工作经验者"，很多应届毕业生望而却步。更有甚者，对应聘者提出"形象好，气质佳"等要求，致使一些外貌不出众的求职者产生自卑心理，影响大学生就业。一些企业在招聘简章中明文规定只接收"985""211""双一流"院校毕业生，有的虽然没有明确写出,但毕业生投出的简历全部石沉大海,究其原因同样是有不接收普通院校毕业生这样不成文的规定。在与一般本科院校 Y 大学和其下 L 独立学院毕业生进行一对一访谈过程中,特别是 L 独立学院的毕业生大多数都有过在招聘会上被企业拒绝的经历。种种就业歧视现象说明我国现在就业保障政策未成体系,落实不到位,仍然需要完善。

(四)家庭方面

1. 父母的就业观

由于受到传统观念的影响,一些父母对子女寄予太多的期望,他们认为大学毕业生获得一份高薪的工作是理所应当的,给子女带来很大的心理负担。还有些家长从小给子女规划未来的职业,迫使子女按照他们的想法一步一步走下去。"子承父业"的传统思想也对大学生就业产生很大的干扰,许多父母给他们的孩子规划和自己相同的职业,不考虑孩子的兴趣,一些孩子没有主见,听从父母的安排,从事着自己不喜欢的职业。从实行计划生育以来,独生子女越来越多,有些独生子女从小受到家庭的溺爱,没有吃苦耐劳的精神,择业时会产生"等""靠"和"啃老"的依赖思想。还有一些家庭教育方式是"权威式"教育,凡事必由父母做主,孩子独立思考能力和处世方式往往得不到锻炼,使其各种能力的培养过程被人为地剥夺了,没能得到应有的历练。可见,这些家庭因素都会或多或少给大学毕业生就业质量带来影响。当然,也有一些父母能够根据孩子的性格和专业助推孩子获取知识和技能,促进其顺利就业。总之,父母的就业观念对毕业生的就业质量有一定的影响,但现在的"Z 世代"群体个性张扬、敢于尝试,所以与其他因素相比,父母的就业观对毕业生的影响不是很大,从回收数据也能发现父母干预度的平均得分只有 2.94。

2. 家庭的社会资本和经济条件

家庭是每个人的主要生活环境之一,在大学生就业方面,家庭的社会资本和经济条件会给大学生就业质量带来影响。中国传统社会是以"人情社会"为特征的,社会关系在社会资源配置中起到举足轻重的作用。大学毕业生由于刚刚走出校园、步入社会,所拥有的社会资本大部分来源于家庭,还有一部分来源于学校的校友。有研究表明，家庭社会关系广泛、经济条件好的大学毕业生更有可能获得就业岗位，而家庭社会人脉缺乏、经济条件差的大学毕业生则获得就业岗位的难度会大一些。这主要是因为家庭的社会资本有助于大学毕业生及时获取就业资讯、拓宽就业渠道，从而顺利就业。对于一些家庭经济状况较差的大学毕业生而言，他们在择业时，为了分担家里的压力，优先考虑薪酬高的工作，所以在毕业生择业标准上是有一定影响的。

在访谈案例中我们不难发现，父母的就业资源对大学毕业生就业能够起到推动作用，但是家庭的社会资本和经济条件属于先赋性社会资本，是很难改变的。

（五）政府方面

1.经济结构转型使社会岗位供需比例发生变化

经济结构的变动必然会改变就业的供需平衡，从而影响大学生就业的数量和质量。自改革开放以来，我国的经济结构发生了巨大的变化，党的十八大指出："推进经济结构战略性调整是加快转变经济发展方式的主攻方向，必须以改善需求结构、优化产业结构、促进区域协调发展、推进城镇化为重点，着力解决制约经济持续健康发展的重大结构性问题。"从大学生就业的角度来看，国家鼓励大学生到中小企业就业。我国产业结构划分主要是以农业为主的第一产业，以工业为主的第二产业，除第一、第二产业以外的其他各业为第三产业。绝大多数大学生毕业后将从事第三产业，所以第三产业发展的速度和趋向，都在一定程度上影响着大学生的就业状况。目前，我国第三产业吸纳就业能力有所增强，但是整体发展水平还有待进一步提高。我国第三产业结构单一，仍旧以商贸业和服务业为主，信息技术、金融领域等高端产业发展不足，这样就使得高校毕业生就业可选择的范围比较狭窄。我国的区域经济发展不平衡对大学生就业质量有一定的影响。目前我国东、中、西部区域经济结构趋同，缺少互补优势，各区域生活环境和社会资源存在差异，国家发展政策的不同，毕业生就业具有很强的方向性，人才流向不均衡。不仅出现大中城市人才供过于求的现象，同时还出现了欠发达地区大量缺乏人才的现象。可见，我国区域经济结构的失衡直接影响到了大学生的就业流向，一定程度上造成了人才的极不均衡。与此同时，就业区域分布的不均匀，又制约了各个区域经济的发展，形成恶性循环。

2. 就业政策导向

党的十八大报告指出："坚持实施就业优先战略和更加积极的就业政策，鼓励多渠道多形式就业，促进创业带动就业。"党的十九大报告明确提出："就业是最大的民生。要坚持就业优先战略和积极的就业政策，实现更高质量和更充分就业。"高校毕业生的就业问题作为重大民生问题，长期受到党中央和国务院的高度重视。第一，国家鼓励企业特别是中小企业更大程度地吸纳大学毕业生，并给予一定的优惠政策。例如对于吸纳量大的中小型企业，地方财政应优先考虑安排扶持中小企业发展资金，并优先提供技术改造贷款贴息。第二，国家鼓励引导高校毕业生面向城乡基层、中西部地区以及民族地区、贫困地区和艰苦边远地区就业。例如政府提供更多基层服务岗位，包括大学生村官招募、"三支一扶"基层服务人员、特岗教师、公益性岗位等。针对基层服务人员，国家按照政策规定给予一定的补贴，并在公务员招录、事业单位招录以及考学升学考试中享有同等条件下优先录取以及加分的优惠政策。这些基层项目，为高校毕业生提供了更多的工作机会，拓宽了就业渠道。第三，国家鼓励大学生自主创业，并享受一定的优惠政策。梳理最近几年国家发布的相关政策文件，发现就业政策从扩大就业规模发展到以鼓励创业、稳定就业为主，虽然提出了高质量就业这一概念，但是并未在政策中充分体现出来，更多的政策都是为解决充分就业、及时就业存在的问题而制定的，忽略了新时代大学生对就业的高质量期许。

2020年年初暴发新冠肺炎疫情，使本就形势严峻的大学毕业生就业雪上加霜。大学毕业生人数不断增加，就业岗位因经济发展受阻而不断缩减，全国的就业形势不容乐观。疫情导致中小企业举步维艰，无法为毕业生提供就业机会。为了缓解就业压力，国家颁布了一系列就业制度政策来确保就业的稳定。这些都反映了国家层面对就业问题的重视，但是这些举措的主题依然是稳定就业、及时就业和充分就业，而忽略了高质量就业。随着时代的变迁，政府部门、高校、社会以及大学生自身等主体在利益关系上出现了一定的变化，为了妥善处理好各利益相关者之间的关系，政府作为责任主体，更需要发挥政府责任，引导社会、高校、家庭、个人通力协作，协同治理好大学生就业这一问题，共同助力提高大学生的就业质量。

第七章　经济新常态下大学毕业生的就业质量提升策略

大学生是国家宝贵的人才资源，单纯地提高就业率难以有效促进经济稳定和持续增长。大学毕业生就业质量的高低关乎社会和谐和经济发展以及广大人民群众的根本利益，关乎大学毕业生就业质量的高低，同样关系到高校的长远发展、社会声誉和高等教育未来的改革方向，关系到广大毕业生的成长成才和切身利益，是社会整体就业工作的重要组成部分。解决大学毕业生就业问题，需要政府、高校、用人单位和大学生自身等利益相关方的多元互动，是一个典型的协同治理问题。为了实现新经济背景下大学生就业质量的进一步提升，本书立足于文献调研和第三、五、六章的调查分析结果，在大学生就业质量评价的基础上，从政府、高校、用人单位和大学生自身4个角度提出提升大学生就业质量的对策。

第一节　政府加强宏观调控和政策引领

政府，是指国家进行统治和社会管理的机关，是国家表示意志、发布命令和处理事务的机关，实际上是国家代理组织和官吏的总称。政府的概念一般有广义和狭义之分，广义的政府是指行使国家权力的所有机关，包括立法、行政和司法机关；狭义的政府是指国家权力的执行机关，即国家行政机关。

第七章 经济新常态下大学毕业生的就业质量提升策略

当前以市场为导向、自主择业的大学生就业模式，在市场经济条件下，政府对大学生就业履行相关政府责任是必要的。政府掌握着丰富的经济、社会和政治资源，在实现大学生高质量就业中起主导作用，提升大学毕业生就业质量最根本的还是必须坚持发展是第一要务的战略思想，坚持科学发展，在发展的基础上采取各种措施，千方百计创造充分的就业机会，努力营造公平的就业环境，着力提高劳动者的就业能力，不断优化就业结构，积极构建和谐的劳动关系。党和政府一直关注就业问题，党的十九大以来，以习近平为同志为核心的党中央，密切结合中国国情，多措并举解决大学生就业问题，促进社会稳定和谐。政府要千方百计扩大就业，继续把高校毕业生就业放在首位。强化政府促进就业的主体责任，提升政府服务能力，最大限度地帮助大学生提升就业质量。党的二十大指出，强化就业优先政策，健全就业促进机制，促进高质量充分就业。健全就业公共服务体系，完善重点群体就业支持体系，加强困难群体就业兜底帮扶。统筹城乡就业政策体系，破除妨碍劳动力、人才流动的体制和政策弊端，消除影响平等就业的不合理限制和就业歧视，使人人都有通过勤奋劳动实现自身发展的机会。为了促进大学生就业、提高大学毕业生就业质量，需要在就业机制调整和就业环境管理方面加大力度，同时要大力发展经济，加快产业结构调整速度。相关部门出台提高大学毕业生就业质量的相关政策文件，对毕业生就业质量的提升起到引领作用。

一、健全法律保障制度，营造更加规范和公平的就业环境

我国现行相关就业法律法规存在很多不完善的方面，甚至还存在着立法方面的空白，在大学生就业过程中已经显现出来，特别是大学生平等就业上的问题十分突出，主要表现为各种就业歧视问题。当前国家已经出台了一些法律促进就业，但法律、法规并不完善，政府没有采取措施处理违反公平就业的行为，保障大学生就业权益。例如《反就业歧视法》《女职工劳动保护规定》为每一名就业者提供了政策保障，但是因为只规定了用人单位不能存在用人歧视，并没有针对存在歧视行为的企业有明确的惩治措施，所以现实就

业环境仍有大量就业歧视现象存在，严重侵犯了就业者的权益，这些都严重影响了大学毕业生就业质量的提高。例如《劳动法》规定了劳动者的各项权利，包括平等就业权利、获得劳动报酬以及休息休假的权利、享受社会保险和福利的权利等。现实情况是社会上一些用人单位不给大学毕业生提供基本的医疗、养老、工伤保险，为了追求经济效益不断延长加班时间，对不同层次毕业生区别对待。由于法律的不健全，这种现象没有得到遏制。在对一般本科院校Y大学和其下L独立学院毕业生进行社会保障指标调查时发现，还有部分毕业生没有享受"五险一金"，还有单位没有为其提供完善的就业保障。并且这种现象不仅出现在一般本科院校Y大学和其下L独立学院毕业生就业过程中，而是一种在中小企业中普遍存在的现象。在这种情况下，政府应该进行干预，加大国家财政资金的投放力度，完善就业保障制度，为毕业生提供就业保障。《就业促进法》同样规定各级人民政府要为大学毕业生创造公平的就业环境，消除就业歧视现象，给予就业困难人员扶持和援助等。虽然有法律的规定，但社会上一些用人单位在招聘时仍然有各种限制条件，明显有违就业公平原则。出现这些情况说明政府出台的法律、法规不够健全，没有实施细则，未明确规定违反法律的处罚条例，没有形成公平的就业环境。政府部门应该制定更有针对性、可操作性强的法律、法规，为大学毕业生实现公平就业提供法律保障。除了完善立法外，政府还应加强政策支持来为大学生就业者保驾护航，推进就业市场就业公平。配合法律、法规出台一系列促进大学毕业生顺利就业的政策和文件条款，在原则性法律、法规的基础上增加可操作性政策，包括就业指导政策、户籍政策、就业公平政策、引导性就业政策以及各种就业保障相关政策。政策之间应该有很好的关联呼应性，对违反政策的行为，规定实际性的处罚条例。因此有必要加强大学生平等就业法治环境建设，强化立法，只有把人力资源市场人才供需双方及相关市场主体都纳入法治轨道上来，才能提升就业公平与正义的规范性价值。政府作为公共资源的分配者与管理者，作为公共服务和社会事务管理的主体，本应承担起这份责任。

大学毕业生人数连年上涨，每一年也总是再现"史上最难就业季"。市场

第七章 经济新常态下大学毕业生的就业质量提升策略

机制自身带有缺陷，不能完全解决大学生就业问题，大学生就业仍然面临诸多困难和不确定因素，一些大学生"毕业即失业"、不就业、"慢就业"等问题使高等教育的合理性遭到严峻质疑和挑战，这在无形中把大学生就业问题推到政府责任的层面。为了促进大学生就业、提高大学毕业生就业质量，需要在健全就业促进机制和就业环境管理方面加大力度，完善就业服务体系，从而建立起公平公正的就业环境。政府应当与学校、人才市场、用人单位建立联动机制，以打造公平公正的就业环境。大学生的就业质量状况能够反映社会发展水平。在市场经济体制下，政府要充分发挥宏观调控作用[71]。政府不仅需要为毕业生就业提供制度保障，还应该在规范大学生就业市场中起到主导作用。现在，一方面用人单位招聘不到合适的人才，另一方面大学毕业生有业不就，这种矛盾现象主要是由于就业市场不规范、就业信息不畅通、社会存在不公平的就业环境，从而影响毕业生就业的积极性。从新古典综合学派就业理论出发，政府应该通过干预来解决毕业生毕业即失业与职位空缺同时存在的问题，发挥市场的调节和监管作用。在这一点上，美国和韩国政府的做法非常值得我们借鉴。这两个国家的政府在规范市场、促进就业方面发挥了重要的作用。美国政府在财政上加大对公共就业的投入，增强职业技能培训，通过减税、补贴等方式促进青年就业[72-73]。韩国政府重视制度创新，把扶持的重点放在中小企业上，政府注重社会各界合作形成"促进就业，保障失业"的工作体系，加大财政投入力度，出台职业培训法律，另外引导媒体和社会团体作积极的宣传和引导[74-75]。我国政府应该利用社会力量，在毕业生缺乏实践经验的情况下，营造公平的就业环境，帮助毕业生进行短期过渡，避免毕业生因为学历差异和缺少工作经验而受到不平等对待。虽然政府无法干预用人单位的招聘要求，但可以对违反用人制度的行为进行处罚，或者对招聘大学毕业生的单位给予奖励，采取减免相应税收等鼓励性政策。利用媒体进行表彰宣传，引导单位破除"唯学历论""唯学校论"的守旧观念。尽量减少对大学毕业生的歧视，对违反规定歧视大学毕业生的单位和行为予以曝光。在地方政府招聘公务员、选调生过程中以及事业单位公开招聘中也要对一般普通本科毕业生一视同仁。总之，为了缓解当前大学生的就业压力，提高大学毕业生就业质量，政府应该完善就业法律、法规，加大力度规范就业市场，营造公平的就业环境。

二、大力发展经济，促进产业结构调整

近年来中国经济下行压力增大，大学生就业问题日益严峻，大学生就业难成为不争的事实。大力发展经济是解决经济新常态下大学毕业生就业难、提高大学毕业生就业质量的根本途径。经济效益和经济总量的增加会创造出大量的就业岗位。政府要不断优化升级产业结构，加快经济结构的调整。"十三五"规划纲要也指出："实施更加积极的就业政策，创造更多就业岗位，着力解决结构性就业矛盾，鼓励以创业带动就业，实现比较充分和高质量就业。"

第一，要大力发展第三产业，提高生产力水平，使其创造更多的就业机会，从而实现高质量充分就业。经济新常态下经济由高速发展转向高质量发展。高度智能化使得第一产业更多地依靠机械化，这种运转模式一定程度上减少了用工人数。我国经济发展逐步从工业化向服务型的经济结构转型，第二产业对就业的拉动逐步减少是必然趋势。经济结构从主要依靠第二产业带动向依靠第三产业协调带动转变，相比第一、二产业，第三产业拥有更大的就业吸收能力及更强的就业弹性，对高校毕业生就业工作的促进作用更突出。从国家统计数据来看，第三产业吸纳就业能力提高，三产从业人员占比从2012年的36.1%提高到2021年的48%，第三产业成为就业最大"容纳器"。2021年，第二产从业人员的占比为29.1%，第一产从业人员的占比更小，为22.9%。政府要重点鼓励第三产业的发展，实现产业模式升级，从第三产业中创造出更多的就业岗位。

第二，要扶持中小企业，发展个体户经济。政府放宽市场准入政策，引入市场竞争机制，打破行业垄断，为中小企业营造宽松的发展环境。重视有广阔前景的企业，注重发挥这些企业的市场导向性和带动性作用。在投资上给予资金支持，改善对中小企业、民营经济、乡镇企业等的金融服务，大力

推广小额信贷，鼓励创业和自谋职业，尽可能放宽融资渠道，缓解企业资金流动的困难。据统计，我国近些年第三产业为新增的就业岗位所作出的贡献占全部岗位的七成，其中中小企业所作出的贡献占第三产业全体贡献的八成。由此可见，中小企业的发展不容小觑。政府对中小企业的扶持政策与对大型企业的扶持政策间存在着较大的差异，政府对此应该给予中小企业力度更大的经济优惠政策，以此来推动发展，从而提升它们的就业吸纳能力。政府针对中小企业密集的区域，可以建立服务平台，专为中小企业的发展提供全方位的支持与帮助。

第三，推动创新经济发展，促进地区经济均衡发展。经济新常态下，我国经济经历了快速发展时期和平缓发展时期，经济发展动力由原来的要素驱动向创新驱动转变。首先，政府要加大力度推动创新经济的发展，鼓励企业开展对外投资合作，加强对境外投资合作引导，创造更多外向型就业机会，让更多高素质人才投入创新经济。其次，我国地区经济结构发展不平衡，东西部贫富差距及城乡的结构并未有较大的改变。部分大学生的首选集中在北京、上海、广州等沿海城市，经济发展缓慢的地区对大学生择业的吸引力很小，造成人力资源分配不合理。政府针对这样的情形，应该适度增加对中西部地区的财政资助，缩小其与沿海区域的差距，在促进产业调整的同时也要促进区域均衡发展，这样既能缓解东部沿海地区的就业压力，又能促进中西部城市的发展。将劳动力资源与社会发展和经济发展相结合，让劳动力资源能在相应的劳动岗位上实现有效配置。政府应加强中西部经济的发展，通过扶持政策吸引大型企业对中西部地区的投资，在税收上给予减免优惠。通过发展中西部地区经济，缩小与东部地区的差距，缓解一线城市和沿海城市的就业压力，吸引大学生到中西部地区就业。

三、建立健全大学毕业生灵活就业保障机制

党的十九大报告强调，要在平台经济领域培育新增长点，形成新动能。目前，大学生数量逐年增加，互联网的不断发展催生出诸多新兴职业，在经

济新常态下，大学生的灵活就业观念也受到影响。目前由于疫情，线上办公、远程办公的工作方式深入人心，其高度灵活性和自由性也受到了年轻人的欢迎。2022年国新办发布会提出，灵活就业是重要的就业渠道。随着劳动者择业观念变化、新业态新模式的加快发展，我国灵活就业人数不断增加，现在的就业规模约为2亿人。随着首批"00后"走出"象牙塔"，灵活就业也成为高校毕业生就业的重要选择之一。网络主播、电商运营、文案写手等与互联网关联密切的职业，不打卡、不坐班，就业方式灵活，受到毕业生的青睐。智联招聘发布的《2022大学生就业力调研报告》显示，18.6%的2022届高校毕业生选择了自由职业，较2021年提高了3个百分点。从业者不断增加的同时，对就业服务和社会保障也提出了更高的要求。工作时间弹性、工作安排自主，还能兼顾兴趣爱好，看上去"很美"的灵活就业，也令毕业生担忧：不签劳动合同，劳动权益如何保障？未缴纳工伤保险，遭遇职业伤害谁来负责？行业迭代快、吃青春饭，职业长远发展怎么办？观察数年间的政府工作报告也可以看出，灵活就业在国家就业政策中的地位稳步上升。2016年政府工作报告首次提出灵活就业。2019年政府工作报告提出要"加强对灵活就业、新就业形态的支持"。2021年政府工作报告提出要支持和规范发展新就业形态，加快推进职业伤害保障试点；继续对灵活就业人员给予社保补贴，推动放开在就业地参加社会保险的户籍限制。2022年政府工作报告也提出，要完善灵活就业社会保障政策，开展新就业形态职业伤害保障试点。一直以来灵活就业人员的社会保障情况不容乐观，相当一部分灵活就业人员长期游离在社会保障制度之外。

如何在宏观上为平台经济灵活就业人员的权益保护提供制度保障，加强政府对平台企业在用工合规上的监管能力，提高相关机构对劳动关系的协调能力等，都是经济新常态背景下亟须研究和解决的问题。2021年，人社部、全国总工会等八部门联合制定《关于维护新就业形态劳动者劳动保障权益的指导意见》指出，对新就业形态劳动者加大劳动权益保护力度。从用工方式、制度完善、服务提供等角度，维护灵活就业人员应享受的劳动保障权利，均为新就业形态劳动者的劳动保障权益提供了制度层面的保障。当前，我国新业态就业人员的社会保障处于试点阶段，还存在劳动关系法律认定模糊、劳动关系与社保关系捆绑下的权责不清晰、社会保险制度设计对人员需求的不适应等诸多问题，使得该群体游离在主流社会保障制度之外的"灰色地带"。政府应该从确立新业态就业人员法律身份的合法性，构建政府机构、平台企业、工会多元主体的社会协商保障机制，突破劳动关系与社保关系的捆绑模式，借鉴"灵活"保障思路等多方面着手，完善新业态灵活就业人员的社会保障制度设计。

确立新业态就业人员法律身份的合法性。我国关于劳动关系的认定，以区分劳动关系和劳务关系的"二元框架"模式为主。劳动关系，是指劳动者与用人单位之间依法签订劳动合同，产生隶属管理的法律关系。劳务关系，是指劳动者为用工方提供有偿服务并向其收取劳动报酬，但双方处于平等的民事权利义务关系，这种模式对劳动者的范围界定较窄，无法涵盖所有从属性的劳动。应该改变对新型用工关系"一刀切"的调整方式，使之灵活适应新业态下劳动关系的复杂化，将法律保护的范围扩大到适用于全社会各种类型劳动及其社会关系，打破传统劳动关系权利保护的固有框架，将新就业群体纳入法律体系中，真正维护其应有权益。

构建政府机构、平台企业、工会多元主体的社会协商保障机制。国际劳工组织基于劳动关系尚不明确而产生雇员双方劳动争议问题，提出了政府、平台企业和工会组织"三方机制"。针对新业态就业人员的社会保障权益，就政府主体角色而言，应坚持包容审慎的监管责任，引导平台在收入报酬、劳动保护、社会保险和福利待遇等方面承担必要责任[76]。经济新常态下，就平台企业而言，应按照"谁雇佣谁负责"原则，加强平台企业的责任意识，承担员工的保险费用代扣代缴等义务。平台企业应为其进行职业伤害保障费用的代扣代缴，按月向征收机构申报缴纳。就工会组织而言，需规范新业态下的新型劳动关系，实现劳动争议案件处理的机制化运行。

突破劳动关系与社保关系的捆绑模式，借鉴"灵活"保障思路。新业态下，劳动者参与社会保障政策要具有创新思维，打破劳动者雇佣关系与社会保险权益的联结，注重新业态就业人员解决各种职业伤害、失业、医疗等的风险诉求，追求社会保险待遇公平和共享的价值内核。一方面，强调雇主用工的灵活性，注重劳动力市场政策与积极的失业政策相结合，规范新业态就业时长；另一方面，着力构建不同劳动主体的劳动保障权益平衡，实现劳动者权利的平衡化。

第二节 在高校创新人才培养模式的基础上加强就业指导

人才是第一资源，是制造强国和网络强国建设的根本。高校作为培养人才的载体，要不断探索人才培养能力的提升。近年来，大学毕业生人数逐年增多，经济新常态下经济增长降速，社会需求岗位数减少，产业结构调整使就业需求发生改变，对高校毕业生综合素质的要求也在不断提高。同时受新冠肺炎疫情和国际环境影响，就业压力增大。面对不断变化的人才需求，高校需要及时进行人才培养机制改革，明确办学理念，凸显高校特色。首先，要做到人才培养的前瞻性。保证大学毕业生的专业知识、技术水平与产业结构发展相适应，满足社会发展的具体需要。其次，要对实践教学环节进行改革探索。再次，要完善职业规划和就业指导服务体系，以提升就业质量。

一、专业人才培养与产业结构发展相适应

经济新常态下，产业结构转型升级，产业结构由原来的第二产业主导逐渐变为第三产业主导，这种产业结构的转变实际上是由劳动密集型向知识密集型产业转变，产业结构的升级对大学生的专业能力以及综合素养提出了更高的要求。大学生是社会发展的重要人力资源，而高校作为培养大学生的载体，应当提高专业课程设置与产业结构之间的适应度，提高第三产业对应的专业设置比例。同时为了提高毕业生就业质量，课程设置与产业结构应紧密对接，应积极培养适合社会发展需要的大学生，提高毕业生就业的专业对口度，保证高校培养的毕业生与社会需求相匹配。

第一，在专业人才培养方向方面，建立市场预警机制，掌握市场动态。可根据自身优势和特点保证其与产业发展需求的对应性。高校必须紧贴市场需求，无论经济如何发展、社会如何进步，各地高校都应当具有前瞻性，及时了解市场动态，结合地区的发展特色和经济社会未来的发展方向，尽可能地预测不断变化的劳动力市场需求，开设产业急需的新兴工科专业，满足社会和行业发展的需求。在本书实证部分的问卷调查和访谈反馈中可以得知市场需求量大的专业，不但就业率高，而且专业对口率也会高于其他专业。在经济新常态下，知识密集型产业发展速度快，成为我国的主导产业，在这种情况下，应当增加知识密集型对口的专业，包括生物与新医药专业、电子商务专业、电子信息专业、人工智能专业等。除了对这些技能要求较高的专业外，管理专业、金融与证券专业也是目前发展趋势较好的第三产业，这些高校已开设的专业需要在原有基础上进行调整，优化师资力量，提高教学水平。

第二，专业人才培养内容方面。社会不断发展，知识不断更新，因此需要高校合理地调整专业课程体系，因材施教，因人施教，制定较为完善的教学方案，在培养过程中及时更新教育内容和专业课程内容，把产业结构对劳动力的要求融入学校的培养目标中，将专业的目标岗位作为专业培养内容设置的前提，对经济环境和产业结构进行分析从而构建可持续的课程体系。将产业发展中涉及的热门学科作为选修课安排至大学生的专业拓展领域中，提高非专业学生对相应学科知识的掌握。打造特色的专业学科优势，使大学生的专业能力和岗位需要相匹配，根据就业市场和经济发展的需要，不断调整人才培养计划和专业课程体系，培养出更适合社会需要的人才。高校对于大学生的培养不应该是一成不变的，而是要与时俱进、灵活变通，这不仅能够提高大学生的就业质量，同时也能促进社会的发展，使毕业生具备就业竞争力，高校自身具有办学竞争力。

二、以市场需求为导向，注重实践创新环节

实证研究部分通过问卷调查和访谈结果发现，更多的大学毕业生认为实

践动手能力在求职和就业以后非常重要，在所有影响因素里得分最高，所以高校人才培养环节需要更注重对大学生的实践应用能力、创新能力等的培养。经济新常态下，产业发展的核心开始向技术创新转移，人力资本质量和技术逐渐成为产业发展的组织要素，对技术型和应用型人才的需求旺盛，特别是在现代制造业中，其对于技能人才的需求比重较大，且需求缺口不断扩大。而实现社会资源的合理配置，才能实现大学毕业生的充分就业。学校应当根据人才市场的供需情况，以市场为导向，确定专业培养目标和人才培养规格。

第一，在大学生培养目标上，定位为培养技术型人才和应用型人才。按照岗位工作内容以及岗位对工作人员在知识、能力等方面的要求，人才可以被粗略地分成学术型人才、技术型人才、应用型人才。学术型人才主要负责对科学原理、客观规律进行研究；技术型人才和应用型人才主要负责将科学原理应用于社会生产实践中，并使其产生一定的经济效益。而一般本科院校培养的本科生，在培养目标上基本都属于技术型人才和应用型人才，所以要求一般本科院校培养出适应市场需求和经济发展的技术型和应用型人才。

第二，在人才培养过程中，高校需要将传统单一的灌输型人才培养模式转变为以能力培养为主的人才培养模式，有效提升大学生的综合素质。在传授专业知识的同时，高校需引导大学生积极参与科技创新和校园文化活动，在提升其实践能力的同时，强化其创造力和社会责任感，以更好地适应社会发展需要。应该在院校学科优势的基础上结合市场需要，以市场需求为导向培养人才，有针对性地对学生进行实践培训，从而达到学生就业能力提升的目的，以符合市场对人才的需要。

第三，在专业课程内容的设置上也要结合专业特色和市场需要及时调整。注重理论与实践结合，课内与课外结合，学校与企业结合。将理论研究型教学改革转变为理论实践结合型教学，有针对性地增加实践教学环节，加强专业技能培养，真正做到学以致用。同时加强校企合作办学，根据用人单位需求开设关联实践课程，实现"目标订单式"培养。让学生深入了解所学专业的岗位需求、行业需求。通过校企合作等方式，不仅可以为大学生提供就业实践的机会，而且可以让大学生提前感知就业岗位，提前认识就业，同时也能够提升大学生的就业竞争力。

三、完善职业规划和就业指导服务体系

大学毕业生存在就业质量不高的问题除了专业技能无法适应社会需求以外，还因为高校存在职业规划指导不到位和就业指导与服务工作水平不高的问题，导致大部分学生难以拥有良好的职业规划。随着时代的发展，当下严峻的就业形势对大学生的综合实力和核心竞争力提出了更高的要求。大学生要想在今后的职场中把握机会、战胜挑战、脱颖而出，就必须具备强烈的职业规划意识，在大学期间提前作好个人职业生涯规划。高校应该加强职业生涯规划课程建设以及就业指导和服务工作，建立具有全面性、前瞻性、实用性等特点的职业规划就业指导和服务体系。

一方面，要切实可行地将职业规划课程落到实处，发挥效果。首先，高等教育主管部门要根据国家发展规划和社会发展趋势牵头制定高校职业生涯规划教育的发展和指导纲要。纲要要与时俱进，随着社会发展的变化进行指导思想和方针的改变，以此来指导各高校落实方案的制定和编写，为高校开展具体教育提供纲领和指导方向。职业生涯规划与就业指导课是一门实践性很强的课程，学生们渴望的是实践应用。其次，打造一支专业化、职业化的大学生职业发展指导课程师资团队，对提升职业生涯规划课程教学效果起着至关重要的作用。高校应该优化课程教师队伍结构，选聘不仅掌握职业生涯规划教育相关知识，且具有学生所学专业知识背景或相关行业实践经验的教师，作为职业生涯规划课程的主要授课教师，使课堂内容更具有针对性、专业性。邀请思政课教师参与职业生涯规划课程的课程建设、教材编写等工作，优化课程思政教学效果。另外，高校应该加强职业生涯规划与就业指导课程的实践应用指导，注重引导职业生涯规划课程从课堂走向职场，同时积极聘请一些企业精英作为学生的职场导师，开展直通职场的实践性指导，引导学生亲身体验职场和未来的工作环境，激发学习动力。另一方面，大学生职业发展与就业指导课程应以职业生涯规划为核心，要以满足高校教育目标和社

会人才需求为目的,要依据大学生不同学习阶段的特点,分阶段对大学生进行全程化的职业生涯规划教育与服务。根据大学生各阶段的特点和需求,改革职业生涯规划课程现有教学体系,树立全程化、系统化的职业发展指导课程理念,让职业生涯规划课程贯穿大学整个过程。针对新生要注重激发职业生涯规划意识,培养职业兴趣和理想;帮助大一新生探索和认识自我,了解所学专业和发展前景,唤醒大学生的职业生涯规划意识,合理规划大学生活。针对二年级学生要引导其准确进行职业定位,明确职业偏好;帮助大学生探索职业世界,准确定位,确定合适的职业目标,同时培养大学生的职业能力,提升职业素养。针对三年级学生要科学引导职业实践,明确职业方向;帮助大学生充分了解行业背景、职业环境、岗位职责等,制定合理可行的职业发展路径。针对毕业生则注重就业观念引导、就业技巧学习、求职能力培养等,帮助大学生树立正确的就业观、择业观、创业观,培养他们的求职技能,提升就业竞争力。

除了完善职业规划课程外,我们还应该充分发挥就业指导部门的作用。就业指导工作不是单纯地在就业网站上发布招聘信息或者组织招聘会,而应该是系统的多方位的指导。加强对各种就业信息的收集和有效过滤,高校方面应该加强就业信息的收集,与企业主动联系合作和进行多途径的宣传。首先,深化就业质量报告内容,为学生提供就业方向和指导。为响应国务院号召,高校自2013年陆续开始编制本校年度就业质量报告,但高校报告内容通常对就业质量的具体数据方面的研究较少,缺乏深度信息,真正对学生有用的信息并不多,报告应该进行更有深度且更广泛的完善。其次,建立本校毕业生就业动态大数据库,记录每位毕业生在就业意向、就业能力和就业需求、工作适应度等方面的数据,了解已就业学生的工作内容和强度、离职率及离职原因、所在岗位与所学专业的关联度、掌握的技能证书对工作质量的重要程度、对当前就业形势的看法、所在用人单位对高校毕业生的要求等,并根据调查结果反馈的数据,进行大数据深度分析,不再着眼于表面数字,而是透过数据寻找潜在的问题和解决方法,为在校生提供全面系统的就业认知。最后,发挥校友资源对母校毕业生就业工作的促进作用。校友是学校的宝贵资源,校友所掌握的信息和具有的社会影响力是毕业生就业的潜在资源，能够为毕业生就业提供重要的帮助。一方面，优秀校友的成长经历、奋斗历程可以对在校学生起到示范、教育作用。因为校友的优秀事迹最具有说服力，能够在毕业生中形成积极的舆论导向。另一方面，校友不但了解社会、了解单位需求，而且更加了解学校的人才培养特色和专业课程设置，对改进学校的人才培养方向最具发言权，提供给学校的招聘信息更有针对性。这些都有助于学校提高人才培养质量和就业质量。学校应该启动校友工作，在校友与在校生之间搭建平台，建立信息反馈机制，为校友返校开展联谊工作提供帮助，利用校友返校的机会邀请优秀校友回母校为毕业生讲座，通过信息平台将在校生的信息推送给校友，利用校友资源为毕业生提供招聘信息，拓宽就业信息渠道。

第三节 用人单位树立科学的用人观

在当今高校不断扩招的背景下，用人单位在人才选聘的过程中始终占据主导地位，从而出现人才高消费的现象。过分重视人才层次，忽略使用中对人才的开发和培养，造成人才的流失。如果想做到人尽其才，在选聘人才时用人单位要树立正确的人才观念，公平竞争，唯才是用，重视长期效益和发展潜力。在录用毕业生时应该坚持"能力为本"的理念而非"学校为本""学历为本"，用人单位应避免推动"人才高消费"现象，而应该本着公平竞争、唯才是用的原则，让有才有智有创新有潜力的人才得到更多机会。摒弃"唯经验论""唯学历论"，给更多毕业生机会，公平竞争才能得到真正的人才。员工培养方面必须注重人才培养的投入，为员工提供培训机会和锻炼平台，制定合理的晋升机制。

一、科学用人观消除就业歧视，构建公平的就业环境

学历层次和毕业学校知名度一直是用人单位在招聘时看重的基本要求，

随着学校数量的增加以及许多高校不断升级造成的学历价值的贬值，用人单位在招聘时越发过度追求学历层次和学校知名度这一因素。学历条件并不是理想中甄选人才的标准，事实上，"读书"并不代表"受到了教育"，"受到教育"并不一定都"上过学"，用人单位注重院校差异和学历因素是由于社会根深蒂固的认知，认为知名度高的院校毕业生能力素质更高更强，但这种认知是只重视短期效力的做法，长此下去会带来负面效应。目前就业形势严峻，就业歧视直接影响了大学毕业生公平就业，所以消除就业歧视刻不容缓。用人单位应深刻认识到就业歧视带来的负面效应，就业歧视可能会给社会带来不稳定因素。用人单位在招聘时，不仅仅要考虑公司利益，还要兼顾其他，不能与法律法规及社会道德相违背。每位学生都具有一定的可开拓发展潜力，用人单位应当更看重毕业生的自身软实力。各用人单位要树立科学的人才观，消除就业歧视，构建公平健康的就业环境。

树立正确用人观主要表现在两方面：一是在招聘过程中，应当创造公平竞争的就业环境。部分用人单位希望招聘高学历、"985"和"211"工程以及"双一流"院校的毕业生，对其他院校毕业生一律不予录用。应破除崇拜高学历和实践经验多的用人观念，消除对高校毕业生的性别歧视、教育背景歧视、地域歧视等，消除就业能力的非智力障碍。目前公务员事业单位的招聘已经实现了全程的公平透明，但部分国有企业缺乏社会责任感，招聘过程不透明，招聘信息不公开，招聘标准不公平，面向少数群体定向招聘，选人用人不看重学生素质，而看重学历层次、社会关系。国有企业应建立一套科学的选人用人机制，规范招聘活动，不设置与岗位要求无关的报考资格条件，杜绝"量身定制"招聘。二是在进入单位正式工作时，应当按照"同工同酬"的原则给予公平对待，在培训时秉持"一视同仁"原则，晋升方式和晋升依据方面贯彻"能力优先"原则，树立正确的选人用人观。目前用人单位在进行招聘时，比较重视人才的层次，往往认为研究生比本科生优秀，"985""211"院校毕业生比普通本科生优秀，普通本科生又比专科院校毕业生优秀，其实是进入了"唯学历论"的误区。每个学历层次的毕业生都有各自的特点，不同院校培养的学生也不尽相同。企业选人、用人应该结合单位长远发展、岗位特点和学生的综合能力来确定，不是学历越高越适合。用人单位只有做到"重能力、轻学历"，用发展的眼光将用人和培养结合起来，尊重人才，才能促进企业的发展。

二、科学用人观促企业文化建设

从古到今，我国的选人、用人计划在不断地发展变化，人才是企业的灵魂，企业要发展，人才储备是关键，健康的企业文化氛围有助于凝聚人才。一些用人单位来校招聘时都会抱怨企业员工的流失率高，招聘成本不断上升。本书实证部分在对毕业生的调查中也发现毕业生大多会在毕业的第三年，也就是第一个三年劳动合同终止时选择离职，究其原因是用人单位没有促进良好的企业文化建设，员工对企业文化不认同。用人单位应该在平时的工作中通过工会对员工进行关心，让员工参与管理，激发员工的责任感，注重员工的个人成长，形成良好的工作氛围，使人才在良性竞争中成长。依据马斯洛需求层次理论，毕业生在获得生理需求、安全需求后，就会依次产生社交需求以及尊重需求。用人单位应树立爱才惜才的人才观，给予应聘者合理的待遇和发展空间，为人才提供适合自身发展的职位，营造积极向上的企业文化，给予员工归属感和责任感。加强与员工的交流，深入了解员工需求，针对员工需求进行激励，单位对员工的关怀可以增强员工的归属感。良好的企业文化下员工必然会产生强烈的认同感、自豪感和归属感，这样员工对企业的忠诚度自然也会很高。

要提升企业文化层次，首先，要提供健康的工作环境和和谐的工作氛围。健康的工作环境，是指为员工营造干净的工作场所和安全的设备设施，实现对员工在身体和心理上的双重关注和照顾。和谐的工作环境是以和谐的员工关系、劳资关系为基础的，员工之间、员工与上级之间的和谐相处能大大提高工作效率，为企业创造效益。员工处于和谐的办公环境中才会感到身心舒适，才能够集中精神提升自身效益和用人单位效益。其次，用人单位可以通过组织活动的方式来凝聚单位的组织文化，达到加强员工之间的联系、增强员工之间的合作的目的。提升企业文化,不仅能增强企业员工之间的凝聚力,也能增强用人单位的精神文化,从而提升大学生就业过程中的获得感,提升就业质量。用人单位还可以拿出一部分资金用于团队建设,并设计一些有自身特色、形式多样化的福利制度,良好的薪酬福利体系将会影响员工的内心感受,从而增加员工的归属感和企业整体的凝聚力、向心力。最后,用人单位应当对离职的高校毕业生按照时间长短分别进行调查,了解离职原因,对可控的因素加以改进,对不可控因素利用其他可控因素进行弥补。用人单位应当时刻关注市场的动态,在单位可接受的范围内,尽量不使本组织的薪酬福利水平低于市场的平均水平,对于中小企业和西部地区的用人单位而言,薪酬福利水平应当略高于市场平均水平,以此作为吸引高校毕业生的一个亮点。

三、完善公平培训与晋升机制

通过实证部分调查结果发现,回收数据中有54.23%的毕业生对单位的晋升机制不满意,占比超过一半。一般院校本科毕业生刚入职时大多在生产技术型的一线岗位工作,时间从三个月到一年不等,其间他们需要从学校生活过渡到工作状态,加之工作比较辛苦,心理落差会增大,如果这时候企业能让他们看到提升的空间、晋升的希望,会促使他们更加发愤工作。这就需要单位具备晋升激励措施,帮助他们尽早成为单位的骨干力量。调查发现大部分毕业生的离职时间都是入职半年内和工作三年后,这两个时间段正处于毕业生的晋升期。只要单位作好员工培训,完善晋升机制,就会提高毕业生就业质量,人才稳定性也会增加。

首先,要让每个员工有公平的培训机会,关心员工成长,使员工有归属感和获得感,这能激发员工的斗志,提高员工的专业能力。本书实证部分通过"培训机会"的调查结果发现,是否获得培训机会以及培训机会的多少,会影响到毕业生的就业满意度,对影响毕业生就业质量的高低发挥着一定的作用。通过访谈发现企业对员工的培训具有随意性,针对性不强。大多数企业会为员工安排入职培训，主要是公司的制度和岗位培训。除此之外，其他的培训则具有不确定性，什么时候培训、培训哪些内容都没有计划可循，这样的培训过于形式化，收效甚微。一般本科院校的毕业生大多就职于中小型企业，由于经费紧张，培训常常被忽略，但要考虑到公司的发展和员工成长，否则长期机械式的劳作会使员工产生倦怠感，员工培训可以很好地解决这一问题。大学毕业生与社会人员相比更具有可塑性，所以培训要有计划、成体系、有针对性。培训结束要考评相结合，这样才能合理发挥培训的作用。是否进行"职业培训"事关大学毕业生能否尽快适应职场生活和较快地获得工作技能，同时对企业老员工进行培训可以弥补其欠缺的知识和能力，因为随着经济的发展，企业对员工拥有知识和能力提出了不同的要求，因而通过职业培训能够提高员工的素质，满足企业发展的需要。必要的职业培训能够有效地缓解初入职场的大学毕业生紧张、不知所措的情绪，帮助其更好地适应工作，从而提高就业质量。

其次，打造公平晋升机制，降低离职率，保持人员稳定性。作为用人单位，企业应当打造公平的晋升机制，只有当晋升的公平感越强时，员工的满意度和工作绩效才会越高。要想打造公平的晋升机制，就需要用人单位做到人职匹配，只有将毕业生与岗位有效匹配才能最大限度地发挥优势。现在有一些企业实行导师带新人的做法，值得发扬。让新员工能够在各个岗位历练，适度地轮岗工作，不仅使员工对自己的能级水准有个新的、较为全面的认识，也能够使用人单位对其优势有大致的了解。通过人职匹配原则，综合考虑员工的专业、智能、个人特性、综合素质与能力，将新入职的毕业生放在最有利于发挥其优势的岗位上。用人单位是以营利为最终目的的，只有将合适的员工放在合适的位置才能充分发挥人才的价值，也才能够降低由于能级不适应造成的离职率上升问题，为公司节约人力成本，减少毕业生新上岗的陌生感，帮助其尽快适应岗位环境，保持工作稳定性。除了做到人职匹配外，还要依据员工工作绩效、日常表现进行综合评判，自觉做到公平对待每位员工，实行激励管理，制定完善的薪酬体系，建立工资晋升机制，使员工工资与企业利润增长同步；对有特殊贡献的员工实行工资福利奖励制度，打造公平晋升机制。在实施过程中不断改进晋升标准和程序。随着时间的推移，旧有的晋升机制可能不再适合，需不断依据内外部环境的变化来调整晋升机制，结合员工的反馈意见，改进当前阶段存在的不足，并对晋升后的员工进行一段时间的追踪分析，了解晋升结果是否达到预期效果，根据追踪结果调整下一次晋升方式和流程。只有让入职的大学毕业生感受到自己的职业具有发展空间，凭借努力能够在行业里实现自我价值，才能够降低离职率，提升就业质量。

第四节 毕业生合理进行职业规划，增强就业竞争力

俗话说得好："打铁还需自身硬。"要减少大学毕业生"慢就业"、不就业现象，解决大学毕业生就业质量不高的问题，最根本的是从学生自身入手。经济新常态下，大学生就业面临着全新的挑战。大学生在四年的学习过程中，要在学好专业知识的同时，提高自身的综合素质，结合市场变化、岗位特征对自身进行灵活的调整。首先要树立正确的就业观念与就业意识，在多变的市场中找准自身定位。其次，制定科学的职业生涯规划，努力实践。最后，要提高综合素质，增强就业竞争力，适当加大职业搜寻投入，尽量做到人职匹配，提高就业质量。

一、调整就业心态，树立正确的就业观

大学毕业生刚步入社会，就业观的形成仍是建立在学校的理论和个人的自我认知层面，尚未与社会经济发展和各行各业的岗位需求建立起紧密的联系，在这种情况下，大学毕业生在行业和岗位选择上会出现明显的"脱轨"现象，导致大学生的岗位选择与社会经济发展需求不匹配，从而在观念矛盾下导致就业难现象的发生。大学毕业生在职业选择过程中应该在以个人发展为中心的前提下，坚持人职匹配的原则，即要认清自身的能力和水平，在自

我尊重和自我价值实现的前提下转变就业观念，要根据自身的能力来选择匹配的工作，特别要在职业收入、兴趣特长以及名利等方面进行观念的转变。

第一，不要一味追求薪资待遇。在经济新常态下，就业形势严峻，大学毕业生数量不断增加，岗位数量减少，在择业时不要单纯地看向高的薪资待遇，不能将岗位的工资和报酬作为选择工作的单一衡量标准，片面选择高收入岗位，将薪酬作为择业的第一标准会失去其他好的工作机会。大学生必须要客观地看待自身能力与水平，在尊重自我价值的基础上树立全新的职业观念，并根据自身的能力来选择匹配的工作。很多大学毕业生认为自己经过多年的学习，投入的时间精力、金钱成本比较高，所以计算投入、产出比，一味地追求高工资，追求大城市、大企业。有一些大学毕业生在找工作的时候互相攀比，一定要找到高薪资工作，否则宁愿不就业，这种比较是不科学的。根据市场规律，一份职业的薪资待遇和个人的能力是呈正相关的。作为接受高等教育的大学毕业生，要提高思想认识，转变思想观念，适应就业形势，正确客观地分析自身优劣势。在当前阶段，大部分大学生重理论轻实践，刚步入社会缺少工作经验，自身的条件与高报酬岗位的招聘条件之间实际上存在差距。所以毕业生要客观审视自身的实际能力，选择和职业能力契合度高的工作，除考虑薪酬、稳定性等因素外，还要考虑职业发展、工作环境与氛围、专业对口等更多因素，用发展的、长远的眼光看待自己的就业问题，避免眼高手低，这样才能找到令自己满意的工作。

第二，要摆正心态，放下姿态，结合市场需求，精准定位，重视兴趣特长的发挥，合理就业。大学生作为不同的个体，每个人的兴趣或特长是不同的，在就业过程中，大学生应当注重发挥个人的特长和兴趣，选择自己感兴趣且擅长的领域或是行业进行工作，将职业与个人的爱好和优势结合起来，这样可以提高择业的积极性，并能在当前阶段让自己迅速地适应岗位、适应工作，并在工作中获得成就感，从而保持对工作的热情和积极性。在实证部分的访谈发现，大学毕业生在选择工作时追求稳定，歧视销售行业。平时走进校园招聘的企业，只要是招聘销售岗位的就很少有人问，实际上社会认可度低的行业未必就不适合自身发展，现在的销售岗位都要求有专业知识背景，工作具有挑战性，从事此类工作能够提高大学毕业生的综合能力。

第三，注重自我成长和自我价值的实现，调整就业策略，敢于去基层就业。在国家提供的就业政策大环境下，我们要转变以往社会意识淡薄的就业观，形成服务社会的意识。经济新常态下，大城市、发达地区可提供的就业岗位已经渐渐趋于饱和，中小城市、中西部地区有更多的施展才华的机会，可以锻炼自己、接受挑战，实现个人社会价值，为社会服务。在就业岗位有限、竞争激烈的情况下，毕业生要勇于到基层就业。党和国家高度重视并积极鼓励大学生到基层就业，我国政府出台了一系列鼓励促进大学生到基层就业的政策措施，较为典型的如"大学生村官""西部志愿者""三支一扶"等。虽然基层起点低，但是并不意味着发展差。"海阔凭鱼跃，天高任鸟飞"，基层为人才的成长、锻炼、发展提供了宽广的大舞台，经过基层的磨砺，能练就一身真本领。作为大学生，应当树立起到基层就业的就业观，树立起基层一线大有可为的观念，通过在基层的努力为自己今后取得更大的发展奠定良好的基础。

第四，主动就业，加大职业搜寻力度。毕业生要有搜集和筛选就业信息的意识，在就业过程中，学校、家长只能起到辅助作用，真正起作用的还应该是毕业生本人，在求职过程中不可能一次成功，要有自信心，在遇到挫折后要调整心态准备下一次的挑战。职业搜寻理论主张在信息不充分的条件下，求职者要不断通过搜寻活动来逐渐了解，我们在寻找工作时也应该应用该理论，理性搜寻专业匹配、工资更高的工作。大学毕业生应该通过各种渠道搜寻就业机会，提高就业质量。

二、制定科学的职业生涯规划，努力实践

目前，很多大学毕业生在求职时从众心理较强，没有目标，不清楚自己的职业方向，对社会需求和岗位要求缺乏认识，造成了大学毕业生在择业时带有很大的盲目性，这样给自身的发展和就业质量带来了不利影响。大学毕业生在择业时应根据自身优势特长和爱好，在了解社会岗位需要及行业所需

人才的基本素质要求的前提下，明确自己的职业方向，并为之努力。因此，大学生需要在毕业前对自己的职业生涯有一个清晰的规划，明确自己的发展道路。职业生涯规划就是对职业生涯乃至人生进行持续的系统的计划的过程。一个完整的职业规划由职业定位、目标设定和通道设计3个要素构成。有效的职业生涯规划是在正确认识自我的基础上进行的。因此学生在日常学习生活中要有意识地进行自我探索，将正式测量工具与非正式评估相结合，充分剖析自己的性格、兴趣、能力，找准职业定位。利用各种渠道和机会了解专业、行业和就业市场需求信息，在充分了解信息和整合资源的基础上合理地确认自己的职业目标。

对于一般本科院校毕业生而言，想要依靠学校的知名度来实现就业显然是不现实的，相反在就业过程中毕业生本身的综合素质和能力相当重要。如何才能目标明确地提高自身素质？依靠的是职业生涯规划。第一，大学生要重视职业规划，有些同学认为职业生涯规划从大三、大四开始也不晚，其实这种想法是错误的。职业生涯规划不是单纯地为了找工作，大学生职业规划关系到大学生今后从事何种行业、担任何种岗位。大学生要在思想上高度重视职业生涯规划，认识到职业规划的重要性。第二，要作好中长期职业规划。大学生职业规划要把目光放长远，不能只作短期规划，只看到眼前利益。在作职业规划时，要对自己将来所想从事的行业的未来发展趋势都有深入的了解，做到统筹兼顾，这样才能有效地避免大学生入职后不断跳槽。有了长期的职业规划，大学生便有了明确的努力方向。为自己制定一个明确的发展方向，可以减少就业的盲目性。第三，要结合自身能力和社会需求综合定位，在不断探索中提高能力。不能盲目地根据自己的爱好或专业去进行规划，而是要结合自己的优势和专业，了解市场需求以及行业发展从而综合考虑。

总之，大学生从大一入学开始，就应该着手进行职业生涯规划。大一学年为准备期，主要目的是对职业有初步的了解。因为大一课程较多，应以学业为重，精力不宜过多分散，应将重心放在对专业知识技能的掌握上，可适度参加实践活动。大二学年为定向期，这个时期是提高自己的实际工作能力的关键期，要有效地利用业余时间投身到社会实践中。最好是从事与专业相关的工作，对自己的理论知识掌握程度在实践应用中进行检验，并根据实际工作能力对职业规划作出调整。大三学年为冲刺期，除了加强专业课程的学习外，最重要的是收集未来所从事行业和岗位的各类信息，如招聘方式和考试科目，将目标设定得更加明确。大四学年为检验期，要对自己前三年的学习实践进行总结归纳，找出哪些方面还需要完善，在实践中不断调整，不断修正。

三、提高综合素质，增强就业竞争力

经济新常态下，就业竞争压力大，用人单位对大学生的综合素质提出了更高的要求。目前，许多大学生的专业技术和就业能力还有一定的欠缺，不足以满足其高质量就业，故而应当不断提高大学生的知识水平和技能训练，以适应经济新常态下的就业要求。要摆正学习态度，从进入大学校园开始就要清楚地认识到学习才是学生的本职，不能贪于享受、庸庸碌碌，否则面对残酷的就业形势将追悔莫及。为了确保大学生可以实现高质量就业，就要加强对大学生综合素质的培养。

首先，要利用不同途径拓宽专业知识学习和就业能力提高的渠道。一方面，大学生要进一步加强自身在专业理论方面的学习，如基本理论知识、专业理论知识等，还要通过模拟操作、实践训练等方式来检验自身的专业理论知识水平，保证掌握扎实的专业理论。大学生作为专业人才，应该具备从事某种专业工作所需要的专业素质和能力。因此大学生不仅要注重专业理论知识的学习，还要注重通用技能的学习，如对英语、计算机熟练掌握和灵活运用。另一方面，除了理论知识的学习以外，还可以有针对性地参加课外的实践活动。通过参加学术讲座、专业社团活动、课外学术科技活动等来获取新知识，了解学科发展前沿，并在活动中注重知识的运用和转化，自觉地把课内外所学各种知识进行加工整理，融会贯通，形成统一的知识技能系统，通过这些活动去培养自己的实践动手能力、组织协调能力。也可以利用假期时间走入社会，去兼职，让自己尽早地融入社会，通过实践给自己定位。积极

参加社会实践活动，积累社会资本，作好人脉管理。布迪厄认为，社会网络不是自然赋予的，社会资本的形成是一种有意识或无意识的投资策略的产物，即它必须通过投资于群体关系这种制度化的战略来建构，因此，学生积极参加社会实践活动既是实践能力锻炼的需要，同时也是社会资本积累的需要。所以应该从大一开始，对专业知识和实践积累进行规划，以此提高综合素质和就业竞争力，进而提高就业质量。

其次，增强自信，培养竞争意识，勇于竞争。多关注就业信息和国家的有关政策，理性、客观地分析当前的就业形势，既不能盲目乐观，也不要盲目焦虑，特别是女生，更要培养自信、自立的品质，客观地分析自己的优劣势，并适当调整自己的心理预期，在挑战中寻找机遇加强学习，努力提高自己的专业技能水平。

参 考 文 献

[1] 张纪南．推动实现更高质量和更充分就业 [J]．劳动保障世界，2018（22）：10-11．

[2] A H 马斯洛，陈炳权，高文浩，等．人的动机理论（上）[J]．经济管理，1981（11）：67-69．

[3] 陈敬．马斯洛需求层次理论的应用 [J]．中国水泥，2019（6）：58-62．

[4] 刘素华．就业质量：概念、内容及其对就业数量的影响 [J]．人口与计划生育，2005（7）：29-31．

[5] 苏士尚．就业质量问题研究 [D]．北京：首都经济贸易大学，2007．

[6] 刘世峰．高校毕业生就业质量评价体系研究 [D]．武汉：华中师范大学，2013．

[7] 张凯．就业质量的概念内涵及其理论基础 [J]．社会发展研究，2015（1）：86-108．

[8] 秦建国．大学生就业质量评价体系探析 [J]．中国青年研究，2007（3）：71-74．

[9] 曾向昌．构建大学生就业质量系统的探讨 [J]．广东工业大学学报（社会科学版）．2009（3）：56-58．

[10] 朱钧陶．大学生就业质量评价体系的实证研究——以华南农业大学为例 [J]．高教探索，2015（5）：109-112．

[11] 吴新中，董仕奇．高校毕业生就业质量评价要素及体系建构 [J]．科技进步与对策，2017，34（4）：140-144．

[12] 杨翠苹．独立学院毕业生就业质量内涵研究——以新乡医学院三全学院为例[J]．人才资源开发，2015（6）：212-213．

[13] 刘素华．建立我国就业质量量化评价体系的步骤与方法[J]．人口与经济，2005（6）：36．

[14] 杨河清，李佳．大学毕业生就业质量评价指标体系的建立与应用[J]．中国人才，2007（15）：28-29．

[15] 史淑桃．大学生就业质量评价指标体系及其测算[J]．郑州航空工业管理学院学报，2008（1）：139-141．

[16] 柯羽．高校毕业生就业质量评价指标体系的构建[J]．中国高教研究，2007（7）：82-93．

[17] 李菲菲．我国大学生就业质量研究[D]．青岛：青岛大学，2012．

[18] 张抗私，刘翠花，燕具善．大学毕业生就业质量——全口径指标评价与实证检验[J]．经济与管理研究，2015（9）：60-66．

[19] 吴新中．大学生就业质量综合评价指标体系设计[J]．统计与决策，2017（22）：68-71．

[20] 赵懂敏．新经济背景下大学生就业质量评价及提升路径设计[D]．济南：济南大学，2019．

[21] 孟晓轲，徐姗姗．灰色关联分析和深度学习的大学生就业质量评价模型[J]．现代电子技术，2021，44（3）：100-104．

[22] 高银玲，张科．独立学院毕业生就业质量及其影响因素研究[J]．青年与社会，2013（8）：135-137．

[23] 曾凡富，孙晓媚．独立学院毕业生就业质量实证研究——以广东S学院为例[J]．桂林师范高等专科学校学报，2014，28（2）：145-150．

[24] 李艳．独立学院师范类毕业生就业质量现状分析[J]．四川职业技术学院学报，2014（2）：108-110．

[25] 陈莉莉，张玮，李希，等．独立学院毕业生就业质量跟踪调查报告——以北京理工大学珠海学院机械与车辆学院为例[J]．教育教学论坛，2018（35）：135-136．

[26] 翟元兴. 民办本科高校大学生就业质量管理研究 [D]. 南昌：江西财经大学，2021.

[27] 郭虎子，黎维锐. 大学生就业质量影响因素实证研究 [J]. 价值工程，2010（11）：238-239.

[28] 张成刚. 问题与对策：我国新就业形态发展中的公共政策研究 [J]. 中国人力资源开发，2019，36（2）：74-82.

[29] 赵文学. 高校毕业生就业质量影响因素与提升策略 [J]. 黑龙江高教研究，2022，40（2）：133-138.

[30] 李沙沙. 高校大学生就业质量影响因素及提升路径研究 [J]. 黑龙江科学，2022，13（16）：142-144.

[31] 胡永远，邱丹. 个性特征对高校毕业生就业的影响分析 [J]. 中国人口科学，2011（2）：66-75，112.

[32] 孟大虎，苏丽锋，李璐. 人力资本与大学生的就业实现和就业质量——基于问卷数据的实证分析 [J]. 人口与经济，2012（3）：19-26.

[33] 高耀，刘志民，方鹏. 人力资本对高校学生初次就业质量的影响——基于2010年网络调查数据的实证研究 [J]. 教育科学，2012，28（2）：77-85.

[34] 岳昌君，夏洁，邱文琪. 2019年全国高校毕业生就业状况实证研究 [J]. 华东师范大学学报（教育科学版），2020，38（4）：1-17.

[35] 冯婧. 浅析高校大学生的就业影响因素 [J]. 商讯，2020（10）：190.

[36] 文东茅. 家庭背景对我国高等教育机会及毕业生就业的影响 [J]. 北京大学教育评论，2005（3）：58-63.

[37] 钟昌红. 文化资本对大学生就业影响的实证研究 [J]. 出国与就业（就业版），2011（15）：33-35.

[38] 薛在兴. 社会资本对大学生就业质量的影响——基于北京市14所高校的一项实证研究 [J]. 青年研究，2014（3）：55-64，95-96.

[39] 岳昌君，张恺. 高校毕业生求职结果及起薪的影响因素研究——基于2013年全国高校抽样调查数据的实证分析 [J]. 教育研究，2014，35（11）：

72-83.

[40] 赵方铭. 城乡背景、就业意愿与就业结果[D]. 桂林：广西师范大学，2015.

[41] 陈冬，刘红祥，郑洁. 社会资本对独立学院学生就业质量的影响研究——以南京理工大学紫金学院为例[J]. 安徽电子信息职业技术学院学报，2017，16（1）：94-99.

[42] 代睿. 社会资本对独立学院大学生就业的影响分析——以津桥独立学院为例[J]. 中国管理信息化，2018，21（14）：190-191.

[43] 王碧梅，郭佳楠. 大学生家庭资本对就业的影响研究——学业成就的中介作用[J]. 贵州师范学院学报，2020，36（8）：51-61.

[44] 赵建国，王嘉箐. 社会资本对大学生就业质量的影响研究[J]. 财经问题研究，2017（7）：124-131.

[45] 肖林生. 社会资本对独立学院毕业生就业质量的影响——基于珠海三所独立学院的调查[J]. 江汉大学学报（社会科学版），2016，33（2）：93-99.

[46] 肖林生. 人力资本对独立学院毕业生就业质量的影响——基于珠海三所独立学院的调查[J]. 集美大学学报，2017，18（4）：73-78.

[47] 岳德军，田远. 人力资本与大学生就业质量：职业认同的中介作用[J]. 江苏高教，2016（1）：101-104.

[48] 沈诣. 择业效能感对大学生就业质量的影响研究[D]. 武汉：华中科技大学，2007.

[49] 曹锐. 心理资本对大学生就业的影响研究[D]. 济南：山东大学，2012.

[50] 周真. 心理资本对独立学院应届毕业生就业能力的影响研究[D]. 湘潭：湘潭大学，2016.

[51] 贺暖暖，高毅蓉. 心理资本对就业质量的影响研究[J]. 企业改革与管理，2018（5）：86-88.

[52] 国福丽. 国外劳动领域的质量探讨：就业质量的相关范畴[J]. 北京行政学院学报，2009（1）：86-91.

[53] Schroeder F K. Workplace issues and placement: what is high quality

employment? [J]. Work, 2007, 29(4):357-358.

[54] 翁仁木. 国外就业质量评价指标体系比较研究 [J]. 中国劳动, 2016（10）: 22-27.

[55] Beatson M. Job Quality and Job Security: An exploration of the concept of job quality and ways of measuring one of its aspects job security[J]. Labour Market Trends, 2000(10):1-9.

[56] Brisbois R.How Canada stacks up: The quality of work—An international perspective [M]. Ontario:Canadian Policy Research Networks,2003:5-69.

[57] Julian R Betts. What do students know about wages? Evidence from a survey of undergraduates[J]. Journal of Human Resource, 1996,31(1):27-56.

[58] Bills D B. Credentials, signals, and screens: Explaining the relationship between schooling and job assignment[J]. Review of Educational Research, 2003, 73(4): 441-469.

[59] Rafael M D B L, Fernandez Macias E. Job satisfaction as an indicator of the quality of work[J]. Journal of Socio-Economics, 2005, 34(5): 656-673.

[60] Johri R. Work values and the quality of employment: A literature review[R]. New Zealand:Department of Labour, 2005.

[61] Razafindrakoto M, Roubaud F. Job satisfaction: Ameasurement of employment quality compared with aspirations in eight african capitals[R]. Development Institutions and Mondialisation, 2011.

[62] Gershuny B S, Deklrk H. Mentoring undergraduate students withaspirations for clinically relevant work: The bard college model [J].Journal of Cognitive Psychotherapy,2012,26(3):176-195.

[63] Van Aerden K, Moors G, Levecque K, et al. The relationship between employment quality and work-related well-being in the European Labor Force[J]. Journal of Vocational Behavior, 2015, 86: 66-76.

[64] Vaughn A A, Jr R R D, Haydock S. College student mental health and quality of workplace relationships[J]. Journal of American College Health, 2016,

64(1):26-37.

[65] 麦可思研究院. 2021 年中国大学生就业报告 [M]. 北京：社会科学文献出版社，2021.

[66] 麦可思研究院. 2022 年中国大学生就业报告 [M]. 北京：社会科学文献出版社，2022.

[67] 武毅英，王志军. 教育部直属高校毕业生就业质量评价体系探析——基于教育部直属高校 2013 年就业质量年度报告的数据 [J]. 江苏高教，2015（1）：100-104.

[68] 王晓欢，汪晓军，张山鹰. 层次分析法在建立德尔菲法评价指标体系中的应用 [J]. 海峡预防医学杂志，2015，21（4）：85-88.

[69] 李涛，李晖，齐增湘. 南华大学独立学院设计类专业学生核心竞争力培养研究 [J]. 美术教育研究，2018（19）：120-121.

[70] 陈星宇. 独立院校学生就业问题及对策——以怀德学院为例 [J]. 西部素质教育，2018，4（7）：173.

[71] 李志明. 中国就业政策 70 年：走向充分而有质量的就业 [J]. 天津社会科学，2019（3）：57-63.

[72] 段宜敏. 美国促进青年就业政策及对我国的启示 [N]. 中国劳动保障报，2015-08-26（03）.

[73] 李顺杰，杨怀印. 美国加州合作型就业培训项目对我国地方政府促进就业的启示 [J]. 税务与经济，2017（2）：51-56.

[74] 代懋. 韩国失业保障政策的功能：基于就业政策矩阵模型的分析 [J]. 教学与研究，2015（1）：44-52.

[75] 代志明，张智勇. 韩国促进就业政策的启示 [J]. 河南商业高等专科学校学报，2004（3）：42-44.

[76] 钟仁耀. 新业态就业人员的劳动保障权益如何维护 [J]. 人民论坛，2021（27）：68-71.

附　　录

附录1　大学毕业生就业质量评价指标专家意见咨询表

尊敬的专家：

您好！感谢您在百忙之中抽出时间来做这份意见咨询表。为了更好地理解就业质量的评价指标，特进行本次调查。调查采取不记名方式，我们会对您的资料保密，所有数据均用于学术研究，请您按实际情况和真实想法回答问题。本调查问卷的填写大约占用您3～5分钟时间，谢谢合作！衷心感谢您对本次调查的大力支持！

一、就业质量评价一级指标

本部分的指标内容经过文献查阅整理初步形成，如果您有其他补充内容，请填在"H"中，并与现有选项一起排序。

就业质量评价一级指标包括如下几个方面，请按您认为的重要程度进行排序。

A. 薪酬待遇　　B. 工作环境　　C. 职业前景与发展空间

D. 工作稳定性　　E. 就业机会与结构　　F. 就业状况满意度

H.＿＿＿＿＿＿＿

排序（重要程度排序从高至低）：

二、二级指标内容及重要程度排序（从高至低排序）

1. 薪酬待遇包括：

A. 月收入　　B. 社会保障　　C. 涨薪机会

D. 相对当地消费水平的满意度　　E. 工作时间

H._____

排序（重要程度排序从高至低）：

2. 工作环境包括：

A. 自然环境　　B. 企业文化　　C. 人际关系和谐度

D. 健康与安全　　E. 工作强度　　H._____

排序（重要程度排序从高至低）：

3. 职业前景与发展空间包括：

A. 专业相关度　　B. 晋升机会　　C. 培训机会

D. 职业吻合度　　E. 工作强度　　H._____

排序（重要程度排序从高至低）：

4. 工作稳定性包括：

A. 劳动合同　　B. 离职率　　C. 职业声望

D. 工作强度及压力　　E. 自我价值实现　　H._____

排序（重要程度排序从高至低）：

5. 就业机会与结构包括：

A. 就业率　　B. 就业指导与服务　　C. 就业去向结构

D. 就业岗位供需比　　E. 就业能力　　H._____

排序（重要程度排序从高至低）：

6. 就业状况满意度包括：

A. 毕业生满意度　　B. 学校满意度　　C. 用人单位满意度

D. 社会满意度　　E. 家庭满意度　　H._____

排序（重要程度排序从高至低）：

您对就业质量指标的整体修改意见：

附录2 大学毕业生就业质量调查问卷

亲爱的毕业生：

您好！感谢您抽出宝贵时间参加本次调查，本问卷调查对象为2017—2021年毕业生，旨在反映大学毕业生就业质量的状况，数据仅供研究之用。填写问卷采用匿名形式，所有问题的答案没有对错好坏之分，并且所有信息都将保密，希望您如实填写。再次感谢您的支持与合作，祝工作顺利！

1. 您的性别

A. 男　　B. 女

2. 您毕业的年份是 _____

A.2017　　B.2018　　C.2019　　D.2020　　E.2021

3. 您的专业是 _____（填空题）

4. 您大学期间的成绩是 _____

A. 专业前 10%　　　　　　B. 专业前 11%～30%

C. 专业前 31%～70%　　　D. 专业前 70% 以上

5. 您在校期间，是否有以下经历 _____（多选题）

A. 获得奖学金　　　　　B. 担任过学生干部或参加学生会等社团实践活动

C. 获得专业技能证书　　D. 具有专业相关的实习经历或工作经验

E. 获得大学英语或计算机等级考试证书

F. 参加比赛或大型活动并获得过名次　　　G. 以上都没有

6. 您所签约工作单位处于 _____

A. 京津沪直辖市地区　　B. 河北省内　　C. 东北地区　　D. 长三角地区

E. 珠三角地区　　F. 中西部地区　　G. 其他地区

7. 您所签约的单位属于 _____

A. 国有企业　　B. 民营企业/个体　　C. 国家机关/科研或其他事业单位

D. 外企或合资企业　　E. 自己创业　　F. 目前待业　　G. 其他 _____

8. 您的就业岗位 _____

A. 一线服务或销售人员　　B. 技术类岗位　　C. 一般管理岗

D. 中级管理岗　　　　　　E. 高级管理岗

9. 您目前工作环境的健康安全方面 _____

A. 工作环境舒适，对人体健康无害

B. 工作环环境对人体有危害，有相应的劳动保护措施

C. 工作环境对人体有危害，但无相应的劳动保护措施

10. 您目前工作和谐度如何 _____

A. 工作关系良好，非常和谐

B. 工作关系一般，偶有不和谐，但能处理得当

C. 工作关系较差，不和谐

11. 您每周的工作时间是 _____

A.30 小时以下（含 30 小时）　　B.30～40 小时（含 40 小时）

C.40～50 小时（含 50 小时）　　D.50 小时以上

12. 您目前的月收入（税后）是 _____

A.3000 元及以下　　　　B.3001～4000 元

C.4001～5000 元　　　　D.5001～6000 元　　　　E.6001 元及以上

13. 您的社会保障都包括哪几项（根据自己的实际情况选择） _____

A. 住房公积金　　B. 养老保险　　C. 医疗保险

D. 失业保险　　E. 工伤保险　　F. 生育保险

14. 您现在从事的职业与您所学专业相关程度如何 _____

A. 非常相关　　B. 比较相关　　C. 不太相关　　D. 完全不相关

15. 您现在从事的职业与您当初求职时期望的职业吻合度如何 _____

A. 非常吻合　　B. 比较吻合　　C. 不太吻合　　D. 完全不吻合

16. 您工作的公司是否提供足够的培训机会 _____

A. 是　　B. 否

17. 您目前工作单位的晋升机会如何 _____

A. 有明确的晋升机制，非常满意　　B. 有明确的晋升机制，比较满意

C. 有晋升机制，不太满意　　D. 没有明确的晋升机制，非常不满意

18. 在就业的过程中是否因是独立学院毕业生遭遇过歧视 _____

A. 有　　B. 没有

19. 您与单位的签约方式 _____

A. 正式 3～5 年劳动合同　　　B. 正式 2～3 年劳动合同

C. 正式 1 年劳动合同　　　D. 劳务派遣合同　　　E. 无劳动合同

20. 现在的工作是您的第几份工作 _____

A. 第 1 份　　B. 第 2 份　　C. 第 3 份　　D. 3 份以上

21. 您对工作满意度的评价（在相应分值处画"√"，分值越高，满意度越高）

序号	评价内容	满意程度				
		5分	4分	3分	2分	1分
1	社会保障情况					
2	收入水平					
3	工作时间、强度					
4	整体工作满意度					

22. 您对影响就业及职业发展的因素评价（在相应分值处画"√"，分值越高，重要程度越强）

序号	评价内容	重要程度				
		5分	4分	3分	2分	1分
1	国家政策					
2	社会岗位供需比					
3	生源地					
4	父母干预度					
5	家庭资源					
6	师资力量					
7	专业主干课程内容					
8	院校认可度					
9	职业指导水平					
10	校友资源					
11	专业类别					
12	职业生涯规划					
13	就业观念					

(续表)

序号	评价内容	重要程度				
		5分	4分	3分	2分	1分
14	应聘技巧					
15	性别差异					
16	政治面貌					
17	大学成绩					
18	英语水平					
19	计算机水平					
20	实践动手能力					